あなたの可能性を
引き出す52のヒント

FRIDAY FORWARD

[フライデー・フォワード]

INSPIRATION & MOTIVATION
TO END YOUR WEEK
STRONGER THAN IT STARTED

ロバート・グレイザー
田村加代 訳

Discover

FRIDAY FORWARD:
INSPIRATION & MOTIVATION TO END YOUR
WEEK STRONGER THAN IT STARTED
by Robert Glazer

「フライデー・フォワード」を応援してくださっている
すべての皆さんに感謝を込めて。
皆さんが自分もまわりの人も高めていることを、
心強く思っています。

クロエ、マックス、ザックへ。
君たち1人ひとりが私を奮い立たせてくれるから、
毎日もっと良い自分を目指すことができる。

はじめに

読む人に「成長のきっかけ」を与えるメッセージ

私が毎週金曜日に「フライデー・フォワード」というニュースレターを始めたのは、私自身が、毎日の生活にささやかな変革を起こしたいと思ったことがきっかけでした。それは、「朝の過ごし方の改善」です。これからは、1日の始まりを、早起きして静かに考えごとをしたり、書きものをしたり、前向きな気持ちになる本を読んだりして過ごそうと決めていました。

けれども今日の世の中は、そんな簡単なことも思うように実行しにくいのです。私たちは朝の時間を、受け身でネガティブな気持ちでスタートしがちです。ニュースを見れば危機感をあおるような報道ばかり。ソーシャルメディアのアプリは新着メッセージでいっぱいです。ひと晩のうちに発生した問題を知らせる大量のメールも届いています。そんな朝は、まだ1日が始まらないのに、もう時間がなくなってしまったような気がするのではないでしょうか。

ところが、毎朝ひらめきをくれるものを読もうと決めたのはいいのですが、心から共感して元気が湧いてくる読み物に、まだ出会ったことがありませんでした。格言集や、人にすすめられた本の多くは、どうも現実離れしているように思えたのです。

でも、少し違った角度から気づきを得たエピソードや名言を、メールフォルダにためておいたものがありました。

そこで試しに、私の会社、アクセラレーション・パートナーズの社員およそ40人に、毎週メールでメッセージを送ってみることにしました。あったらいいなと思うものが見つからなければ自分で始めればいいという、起業家なら誰もが知っている教訓を、私も学んでいましたから。そして、毎週のメールを「フライデー・インスピレーション」と名づけ、**読む人が元気になるだけでなく、一歩突っ込んで考えさせられるエピソード**を選ぶように心がけました。

取り上げたエピソードは、会社の事業とはまったく無関係の内容です。それより、私自身が読みたくなるような、そして社員が仕事だけでなくプライベートの時間も含め、すべての面で向上するのに役立つものを書く、というのが、私の目標でした。金曜日の朝にメッセージを送ることで、週末の過ごし方が良い方向に変わればいいな、と考えたのです。

そして、3週間ほどたった頃、社員からの返信が舞い込むようになったのです。メールを楽しみにしている、友人や家族にも転送した、などのコメントを数人がくれました。中には、何かに挑戦する足がかりになった、と言ってくれる人もいました。それはマラソン大会に参加することだったり、目標を定めて努力することだったり、仕事の効率を上げることだったりしました。それを知って初めて、私のメールは会社の枠を超えてほかの人たちの役にも立つのではないかと思ったのです。

そのすぐあと、起業家の集まりで、それぞれの会社で取り入れた良い慣習を紹介し合う機会がありました。

私は「フライデー・インスピレーション」を始めた経緯や、これが社員の好評を得ていることを話し、同席のビジネスリーダーたちにもぜひ同じようなメールを始めてはどうか、とすすめました。

こうして何人かが「フライデー・インスピレーション」をそれぞれの社内で回覧し

たところ、何週間もたたないうちに、彼らの社員からも、私の社員と同じようなポジティブな感想が寄せられたそうなのです。これをきっかけに毎週のメッセージを独自に始めたCEOもいます。

私は、「フライデー・インスピレーション」を役立ててもらえる場がほかにもあるのでは、と思い、登録すれば購読できるようにして、名称も「フライデー・フォワード」に変えました（しょっちゅう転送《フォワード》されていたからです）。そして300人ほどの知人に送信してみました。

内心、「なんですか、これ」とか「送信リストから外してください」といった反応を覚悟していましたが、そんな返信は1つもなく、むしろ、社内のときと同じようにポジティブなフィードバックばかりでした。さらに、数カ月後、『Inc.』誌（北米で発行されている、中小企業経営者向けの月刊誌）に、「私が唯一読むニュースレター」という見出しの投稿記事が掲載されたのを機に、わずか1週間のうちに何千人もの人が購読登録をしてくれたのです。

今では、毎週、60カ国以上の国で合計20万人を超える人が、「フライデー・フォワード」を読んでくれています。

広い読者に届くようになるにつれ、「フライデー・フォワード」は私にとっても大きな存在になっていきました。毎週メッセージを書くことが、私の「要となる習慣《キーストーン・ハビット》」（訳注1）になったのです。ひらめきや気づきを与えてくれるエピソードを発掘し、それについて思索することで、前向きな気持ちで1日を始められるようになり、同時に、まわりの人たちの向上をサポートする責任感も湧いてきました。

私が毎週選ぶトピックは、私自身が習得したい、上達したい、と思っていることに関係しています。ですから、おのずと一つひとつのメッセージに熱が入ります。私は「フライデー・フォワード」の記事を、自分自身の体験や時事問題に関連づけるようにしています。トピックは、読者のバックグラウンドに関わりなく、どこに住んでいる人でも理解できるものであるよう注意を払います。そして、それぞれの読者が自身に照らして考える機会を持てるように、内容に関する問いかけで記事を結んでいます。

「フライデー・フォワード」が好評を得た理由は、おそらく、メッセージの内容が成長の足がかりになること、ふだんの生活に応用できることだと思います。現実離れしたトピックは選びません。自分のコンフォート・ゾーン（居心地の良い範囲）を押し破り、自分の限界を問い直すことを促すエピソードばかりです。成長は努力なしにはあり得ません。良い変化は、挑戦を促すはたらきかけがあってこそ起こるのだと、私は固く信じています。

それは、現在、特に必要とされるものだと言えるでしょう。人が成長するのは、苦しい状況に追い込まれ、自分の可能性を狭める思い込みを克服したときであるのは明らかです。

ところが、現代社会は、成長につながる努力を阻む構造をどんどん作っています。困ったことに、多くの子どもたちが「雪かき式子育て《スノープロウ・ペアレンティング》」をする親たちに育てられているのです。わが子の行く手にある障害物をどけたり、ならしたりするのが親の役目だと思っている親たちです。

この子たちが受ける学校教育は、順応する生徒や物分かりのいい生徒をほめ、創造性をないがしろにしています。学校を卒業した子どもたちを待っているのは、同じ関心や意見を持つ者同士がソーシャルメディア上で作り上げる世界です。ソーシャルメディアは、アルゴリズム機能により、ユーザーの好みに合わせた情報を提示します。そして、誰もが、自身の体験から選りすぐったベストのものを、さらに美化修正して投稿するのです。そんな毎日に空しさを覚え、疲れ果ててしまう人も少なくないでしょう。

この悪循環を断たなければいけません。建設的な意見をぶつけ合って互いを奮い立たせ、相手を励まし、同時に、相手がベストを尽くせるように背中を押してやらなければいけません。「フライデー・フォワード」に込めたメッセージは、ほんの小さな、しかし大事な第一歩です。

ほとんどの人が、能力を100パーセント発揮せずに毎日を過ごしていると思います。でも、**私たちには、自分が望む人生を実現する能力がもっともっとあるはずです。**それを実現していくことで、まわりの人が同じような成果をあげられるようにサポートすることもできるのです。

4つの力の引き出し方

「フライデー・フォワード」は、最初から、読む人に成長のきっかけを提供することを目指していました。しかしメッセージを書き続けて3年ほどたち、前著『ELEVATE　自分を高める4つの力の磨き方』の構想を練り始めたときに、骨子となるテーマがはっきりと浮かび上がったのです。メッセージの趣旨を一つひとつ突き詰めてみたところ、大きく分けて4つある「キャパシティ・ビルディング」の要素のいずれかに当てはまることに気がつきました。

「キャパシティ・ビルディング」とは、より高いレベルの結果を出すため、そして自分の資質を引き出すために必要なスキルを、探求し、習得し、磨く方法です。キャパシティ・ビルディングは、精神、知性、身体、感情の4つの部分に分けて考えると理解しやすくなります。

精神のキャパシティを広げるためには、自分自身を掘り下げ、自分が人生に何をいちばん求めているのかを見極め、毎日の生活を自分の信条に沿うものにしなければなりません。そのプロセスは、まず、自分の中核となる信念や価値観をはっきりさせることから始まります。この最初のステップを難しく感じる人も多いでしょう。自分を見つめ直し、長所や短所を見定めることになるからです。

充実した人生を送るには、精神のキャパシティの成長が必須です。自分の人生の目的地がわかっていないと、多くの時間とエネルギーを、脈絡のない、見当違いの方向にムダに費やしてしまう恐れがあります。まずは**自分が最も望むものを見極め、毎日の生活をその探求に則したものにする**といいでしょう。

私たちが自分の思考力、学習能力、計画能力をどう伸ばすか、自制心を持って遂行するかどうかは、知性のキャパシティ次第です。知性のキャパシティを広げるには、ゴールの設定とその達成、良い習慣の確立、学び続ける姿勢が求められます。つまり、あなたのオペレーションシステムをアップグレードすることだと理解してください。

知性のキャパシティが大きくなるほど、同じエネルギーでより多くの成果を上げられるようになります。

心と身体の健康や運動能力を高めるのが、身体のキャパシティです。私たちの脳が人生の水先案内をしてくれるとすれば、日々の力仕事を任されるのが身体です。ですから、心と身体の健康を保ち、ストレスをコントロールし、睡眠をじゅうぶんにとることはとても重要なのです。身体が消耗して緩慢になったり、脳が疲労したりすると、何をするのも困難になってしまいます。

身体のキャパシティを広げるプロセスは、単にダイエットや運動に取り組むことではありません。ストレスの対処法や、壁にぶつかったときの乗り越え方を身につけることでもあるのです。

感情のキャパシティは、困難な状況や難しい人間関係にどう対応するか、意義ある人間関係を保てているか、ということと関わっています。たいていの人にとって、感情のキャパシティを広げるのは簡単なことではありません。感情をコントロールしたり、自分の長所短所を見極めたり、周囲の状況や人々が自分の期待や予測と違う現実を、ある程度は受け入れたりしなければならないからです。

感情のキャパシティが大きな人は、困難にぶつかったときに比較的早く立ち直ることができます。この人たちは、元気のもとになるような良好な人間関係を保ち、逆に、エネルギーを消耗する付き合いは避けているのです。

前著『ELEVATE』では、キャパシティ・ビルディングとはどういうことか、また、そのプロセスを自分の人生に取り込むにはどこから始めればいいか、ということをお話ししました。本書では、皆さんが人生にポジティブな変革を起こしたくなるような、現実に即した、とっておきのストーリーの数々を紹介します。

本書の活用のしかた

まずおすすめしたいのは、朝の時間を、目的意識を持って、ポジティブな心構えで過ごすために本書を利用すること。どのメッセージにも、その根底には、気づきや学びを与える主題があります。それを朝の思索やジャーナリング（書く瞑想）に生かしてみてください。

次に、本書をヒントに、まわりの人にもそうした気づきや学びの機会を与える立場になってほしいのです。その人たちとは、友人、家族、同僚や部下、あるいは学校の教室の生徒たちかもしれません。私にとって今までで最大の学びは、そのような関係で与えるインスピレーションには、思いがけず大きな効果をもたらす可能性があると知ったことです。あなた自身の経験談やあなたが得た教訓が、まわりの人の力になるのです。そうしたエピソードを人に伝えたり、あるいはもう一歩進めてディスカッションを始めたりすることで、自分が向上するのと同時に、まわりの人の向上をサポートできます。

ひょっとしてあなたは、「自分の人生でさえやっとの状態で、とても人の役になんて立てない」と思いましたか。自分を過小評価してはいけません。誰もが、少なくとも毎日1人の相手にひらめきを与える力があるのです。今日、何か1つ小さなことを実行してみてください。あなたが感動したエピソードや言葉を、誰かに伝えてください。私の経験では、ほんの小さな気遣いが、大きな結果につながることがあります。あなたの言葉を誰かがちょうど必要としていたなら、なおさらです。

誰もが、心の奥底では、気づきや学びの機会を求めているものです。あなたが本気でその人の成長を支えようとしているのがわかると、相手は意外なほどすんなりと、意欲的に応じてくれるはずです。互いにけなし合うことは今すぐやめて、互いを高める方法を探しましょう。人は、おとしめ合っているうちに、良心が失われていきます。逆に、共に向上していけば心も磨かれていきます。

気後れすることはありません。簡単に揺るがない大きな変化を生むには、むしろ小さなことから始めるのがいいのです。それがキャパシティ・ビルディングの基礎になります。小さな、しかし目的のある変革を積み重ねていくのです。

さあ、今日から始めましょう。

contents

第1章

精神のキャパシティを広げる

――人生の目的地を思い描こう

第2章

知性のキャパシティを広げる

——しなやかな心構えで、積極的に学ぼう

第3章

身体のキャパシティを広げる

――心と身体の健康に気を配ろう

第4章

感情のキャパシティを広げる

——自分を狭める思い込みを克服しよう

第1章

精神のキャパシティを広げる

――人生の目的地を思い描こう

人生に何をいちばん求めているか

精神の（スピリチュアル）キャパシティの大本にあるのは、あなたがどんな人であるか、人生に何をいちばん求めているか、ということです。「スピリチュアル」という言葉は、宗教的な意味合いでよく使われますが、キャパシティ・ビルディングでの意味はそれとは異なります。精神のキャパシティを広げるためには、自分にとって最も大切なものは何かを、じっくり考えて見極めなければなりません。それには、自分のコア・バリュー（中核となる信条）をはっきり認識し、自分の人生の目的を把握することが大切です。

とは言っても、言うは易く行うは難しです。このキャパシティを広げるには、まず自分と真剣に向き合い、深いレベルで自分を理解することが大切です。自己認識は、リーダーシップの基本的な要素です。ここで言うリーダーシップは、職場など集団の統率だけでなく、自分の人生の方向を決めて行動する、パーソナル・リーダーシップも含みます。自分にとって大切なものが何なのかわからないと、そして、考え方や行動に一貫性がないと、まわりの人を啓発したり、奮い立たせたり、導いたりすることはできません。

精神のキャパシティを広げるプロセスとは、突き詰めて言えば、自分自身を隅から隅まで理解すること、その自分に忠実な人生を送ることなのです。精神のキャパシティが広がると、自分に言い訳ができなくなります。そこが、このプロセスでいちばん尻込みしたくなる部分でしょう。自分が求めているものを一度知ってしまうと、それを探求せずにいるのがとても苦しくなるはずです。

自分のコア・バリューやコア・パーパス（中核となる目的）を認識している人は少ないと思いますが、実は誰もが必ず持っているもので、これが潜在意識下で人生の重大な決断を左右しています。自分の目的や信条に則った道を選んだときは、自分の選択に自信が持て、満足感を覚えるはずです。逆に、自分の目的や信条に反した決断をすると、なんとなく納得のいかない、もやもやとした違和感を覚えるでしょう。

キャパシティ・ビルディングは、ここに焦点を当てることから始まります。自分が何をいちばん望んでいるかわからないと、間違った方向に多くの時間とエネルギーをムダに費やしてしまいます。私は、30代半ばになってから、自分のキャパシティを広げる努力を始めました。そうしてようやく、それまでへとへとになるまで自分を追い詰めてばかりいたのは、目的や信条に則した選択をしなかったためだとわかったのです。

これからご紹介する数々のストーリーは、あなたの中にある「これだけは譲れない」大切な信条を、今一度確かめる手がかりになると思います。さらに、あなたがこれから先の人生に望むものを明確にする手助けにもなるでしょう。

一つひとつのストーリーを読みながら、自問してほしいことがいくつかあります。

・自分がいちばん自信を持てるのはどんなときか？
・どんな場面で、どんな人と一緒にいるとき、いちばん元気が出るか？
・どんな目的のためなら、犠牲を払ってでもそのために尽くしたいと思うか？

また、どのストーリーが特に自分の心に残ったか書きとめたり、右の質問への答えを書き出したりするといいでしょう。自分のコア・バリューを見極めるにはそれなりの努力がいりますが、そこを頑張れば、モヤモヤから解放され、自分が納得のいくことにもっと時間をかけられるようになり、ムダなことをやめる判断力もつくはずです。コア・バリューを道しるべにすれば、自信を持って速やかに決断できるようになり、毎日の生活の中で優先したほうがいいことは何か、大切な人は誰かがはっきりしてくるでしょう。

まるで玉ねぎの皮をむくように自分の核心部分に迫っていく過程は、居心地の悪いものかもしれません。でも、まずそれを実行することが、人生を根本から変えるための基礎なのです。ぜひ今日から始めてください。

01

道徳観を育てよう
――良いほめ方・悪いほめ方

「道徳や倫理、法律など、平常時に私たちの判断を導くものは、災害時の、混乱し秩序が揺れる状況においてこそ、いつも以上に行動の指針となる」
■シェリ・フィンク（アメリカの医療ジャーナリスト）（訳注2）

先日、アダム・グラントの著書『ORIGINALS 誰もが「人と違うこと」ができる時代』（楠木建監訳、三笠書房刊）を読んでいて、ヨーロッパのある町の住民を対象に行われた社会学の研究について知りました。ナチスによるユダヤ人虐殺が行われていたときに、自分の命を危険にさらしてユダヤ人を助けた非ユダヤ人と、ただ傍観した非ユダヤ人という、2つのグループの住民を比べたものです。

この比較研究で明らかになったのは、ユダヤ人を助けた人たちと傍観した人たちの根源的な違いは、その人たちの親が、子どもの悪い行いをどう戒め、良い行いをどうほめたかという点にある、ということでした。

ユダヤ人を助けた人の場合、どのように戒められたかという質問に対し、親が「わけを説明した」という回答が多く見られました。この人たちの親は、子どもに与える罰そのものよりも、「なぜ」罰を与えるのか、何を学ぶべきなのか、という点に重きを置いていたのです。

「わけを説明する」ことを通して、親たちは子どもに学んでほしい価値観を伝え、同時に、理性的、客観的な考え方を教えたのです。グラントは、この親たちは、道徳の原則を説明することで、それに基づいた価値観に則ったルールはすすんで守り、これに反するルールには疑問を持つことの重要性を、子どもたちの心に植えつけたのだと言います。

ユダヤ人を助けた人の場合、万人に当てはまる道徳を教えられたと答えた人の割合が、傍観した人の3倍でした。この人たちは、「すべての人を分け隔てなく尊重する」

ように親に教えられたことを強調しました。

道徳観を育てる決め手となるものがもう1つあります。**行動そのものより、心構えや人柄に焦点を当ててほめることです。**例えば、ある実験により、子どもたちは「お手伝いができる子になって」と言われたほうが、「お手伝いして」と言われたときよりも、おもちゃを片づけるということがわかりました。同じように大人の被験者も、「不正を行う人にならないでください」と言われたグループは、「不正はしないでください」と言われたグループに比べて、不正行為をした人の数が半数にとどまりました。

◻シンプルな基本理念に絞り込む

この実験からも、望ましい結果や行動を促すには、規則よりも道徳のほうが、はるかに効果があることがわかります。家庭でも組織でも、あらゆるシナリオを想定したルールを定めたり、ルールが常に守られているか監視したりするのは現実的に不可能です。それを実施するとなると、分厚い規則書を作成したり、極端に厳しい指導指針を定めたりしなければならないでしょう。

私の周囲でも、うまくいっている家庭やコミュニティや企業は、自分たちにとって最も大事な、シンプルな基本理念に絞り込んで取り組んでいるようです。壁に貼ってあるだけのモットーではありません。メンバーには「なぜ」その理念が大事なのか理由を説明し、理念にそぐわない行動に対しては責任を問い、理念にかなう決定が行われたときはメンバーをねぎらって、常に基本理念を強化しています。

このような基本理念なら、何千とは言わないまでも、何百ものシナリオを網羅することができ、どんな規則書にも勝ります。しかし、このやり方の何よりも優れた点は、メンバー一人ひとりが、理念に合わない決定や行動には堂々と疑問を投げかけるよう奨励されていることです。つまり、**理念の強化は上から強いられるのではなく、メンバー全員の力で実現するのです**。ナチスの脅威からユダヤ人を救った勇敢な人たちは、「ユダヤ人を救え」と具体的に指示されたことはありませんでした。子どもの頃からずっと教えられてきた道徳観に従った結果、理性的な、勇気ある決断をしたのです。

02

霧が晴れる瞬間――自分の本音に耳を澄ます

「この世でたまらなく怖いことの1つが、鏡の前に立って自分自身に出逢うことだ」

■フィリップ・マッカーナン（アイルランド出身のライフコーチ、著作家）

2018年、あるカンファレンスで、「モヤモヤをクリアにする」というワークショップに参加しました。講師は、明確な自己認識を導くコーチングで世界的に著名なフィリップ・マッカーナンです。

そこではまず参加者の1人が、自分の会社を売却するかどうかの判断を迷っていると話しました。マッカーナンに「自分の会社が気に入っていますか」と問われ、その人は、仕事に出かけるのが楽しみでなくなってからもう何年にもなる、と答えました。

続いて、事業を売ったら次に何をしたいか聞かれると、「わかりません」と言いました。これに対しマッカーナンは、「じゃあ、仮にわかっているとしたら？」と返したのです。

すると即座に、一見優柔不断に見えたこの会社経営者が、「今までと違う分野で新しいキャリアをスタートしたい」と答えたのです。そして5分後には、「会社の売却の段取りをつけて、自分がやりたい仕事に向けて準備を始める」と、グループの仲間に宣言していました。その顔には明らかにホッとした表情が浮かんでいました。

それから数日間、似たようなやり取りが、私を含めた参加者とマッカーナンの間で交わされました。たいがいの人は、自分が望んでいるものを知っていながら、それに向かって進んでいないのです。というより、**自分の本心と向き合うのが怖いのです。**

そして例えば、「資金がある程度貯まったら」とか、「○○（目標）を達成したら」などの理由をつけて、当面は今までどおりで行こう、と自分に言い聞かせてしまいます。目標を達成したあかつきには、本当にやりたいことに本気で取り組もう、と。この考え方の危なっかしい点は、いつまでもずるずるあと回しにできてしまうことです。**私たちは決断を先延ばしにしたがるものなのです。**

たいがいの人は、心の内でははっきりしていることから目をそらしています。残念ですが、それが現実です。明確な自己認識を得るというのは、例えば、心の奥では未来がないとわかっている恋愛に区切りをつけたり、やりがいの感じられない、先の見えない仕事に見切りをつけたりすることだったりします。

人生の最後に何を話すか

マッカーナンは、コーチングの経験から着想を得て、「ワン・ラスト・トーク」という企画を立ち上げました。これは、ごく普通の人が、自分がこの世を去る前の最後の談話という想定で10～15分間話す、というものです。そのような想定だと、個人的な内容にならざるを得ません。話し手は、自分の中にある真実を知って、かつそれを人前で話す勇気を絞り出すことになります。しかしその真実こそが、目的意識や頑張る意欲を駆り立てるものなのです。

マッカーナンが「ワン・ラスト・トーク」の指導を通して発見したのは、スピーチの最初のバージョンは、おおかた一般的な内容か表面的なもので、その人のストーリーではないということ。ところが、「ワン・ラスト・トーク」のステップを経たあとのスピーチは、打って変わって、それまで人前で話したことのない、自分の考えや体験を織り込んだものになるケースがほとんどだそうです。

それではここで、マッカーナンが「ワン・ラスト・トーク」の参加者に与える宿題と同じ質問をします。

・あなたにも、頭の中で意固地にこだわっている表向きのストーリーがありませんか？
・それがあなたの邪魔をしていませんか？
・そのストーリーの奥に潜んでいる真実を見据える覚悟はできていますか？

03

ビューティフル・デイ
——後に続く人の心に何を刻むか

「あなたの名前を、墓石にではなく、人の心に彫りなさい。あなたのレガシーは、人々の心と、その人たちが語るあなたの思い出の中に刻まれるものなのです」（訳注3）

■シャノン・L・オルダー（アメリカの著作家、セラピスト）

数年前のことですが、私のフィットネスコーチ、マイク・シラーニの右の二の腕に「Beautiful Day（ビューティフル・デイ）」というタトゥーがあるのが目にとまりました。

タトゥーの意味を尋ねると、マイクは、彼のおじいさんが20年以上書き続けた日記に頻繁に登場した言葉だと、教えてくれました。その日記の束は、おじいさんであるポール・マルティーノ氏が亡くなったあとに家族が見つけ、以来、おじいさんからの贈り物のように大切にしている、一家の宝物なのだそうです。

マルティーノ氏は、ニューヨーク州レンセラー郡にあった旧スターリング＝ウィンスロープ研究所（訳注4）で、長年、建物と敷地のメンテナンスの総括責任者として働きました。仕事に誇りを持ち、一家の大黒柱として家族を支えていました。庭の樹々や草花、季節の移り変わりなど、身近な自然の小さな変化を楽しむことのできる人でした。

ところが59歳のとき、非ホジキンリンパ腫の末期と診断されます。放射線治療と骨髄移植を受けて、1年半ほどはがんから解放されましたが、再発し、62歳の若さで亡くなったのです。放射線治療を受けていた頃、同じ研究所の職員の中に、同種のがんに侵された人たちがほかにもいることが判明し、アスベストの除去や放射性物質を扱う部屋への出入りをともなう業務が病気の原因である疑いが出てきました。

マイクがおじいさんの日記を読んでいると、「ビューティフル・デイ」という言葉が目に飛び込んできたと言います。「クタクタに疲れた」と書いてある日でも、気温が氷点下20度の日も、一日中雨の日も、体調が優れなかった日にも、しばしば「ビューティフル・デイ」と記されていたのです。

不運に見舞われても前向きな態度を変えなかったマルティーノ氏は、孫や子の世代に大きな影響を与えています。どんな生き方を選ぶか。さまざまな状況にどう対処するか。困難とどう向き合うか。生涯を終えたあとまでこれほどの影響力を持つ人は稀でしょう。たとえ巨万の富や千載一遇の好機を手に入れることができた人でも。

☐ 100年後の人にどんなふうに言われたいか

ここで覚えておきたい大事なことがあります。**あなたが残すレガシーについて考え始めるのに、早すぎるということは決してないのです。**

ところで、私自身の人生で感謝してもしきれないのが、起業家機構の総裁を務めたブライアン・ブローです。私たち後続世代の起業家たちは彼に触発され、それぞれの事業を考え出し、創り出しています。それが彼のレガシーです。最近開かれた起業リーダーシップの講習で、ブローは最初に次の質問をしました。「あなたは、100年後の人たちに、どんな人だったと言われたいですか?」

この質問に答えるのは、なかなか難しいと思います。自分の人生を真摯に見つめ直し、どんなことを覚えていてほしいか、未来の世代に受け継いでほしい価値観は何か、熟慮しなければならないでしょう。その過程で、自分が残したい足跡を反映するような生き方をしていないと気づき、生き方を変えなければ、と反省する人は多いと思います。

というわけで、あなたなら、100年後の人たちにどんな人だったと言われたいですか?

04

幸せになってほしい
――相手の幸せを無条件に願う

「この世のすべての幸福は他者への思いやりから生まれ、すべての苦しみは自分への執着から生じる」

■シャーンティデーヴァ（「寂天」の名でも知られる、インドの僧侶）

「私の○○（子ども、配偶者、部下など）には、幸せになってほしい」という言葉はよく耳にしますが、その思いが実際の行動に込められている例はあまり見かけません。実は、この言葉には、そう言っている本人が「幸せ」とはこういうもの、と思い描いている、あるいは決めつけている意味が込められていることが多いのです。

もし本当に、心の底から、自分にとって大切な人に幸せになってほしいと願うなら、**その人の気持ちをもっと尊重し、自分の価値基準でその人を判断せず、相手をありの**

ままに受け入れるのではないでしょうか。

2009年の1月、ニューヨークの空港を離陸した直後に両エンジンの出力を失いながらも、ハドソン川に無事に不時着水したUSエアウェイズ1549便に乗っていたある人物の言葉を借りれば、「これからは自分が正しいかどうかよりも、幸せを大事にしたい」ものです。

私がこのテーマでメッセージを書こうと思いついたのは、『ニューヨーク・タイムズ』紙のオンライン版に掲載された、エイミー・クローズ・ローゼンタールのコラムのおかげです。心に深く迫るその文章には、「私の夫と結婚しませんか」という題がついています。（訳注5）エイミーは、2015年の9月に卵巣がんの末期と診断されました。彼女のコラムは、夫に捧げる賛辞であると同時に、自分がこの世を去ったあとに、彼を幸せにしてくれる人を求める広告でもあるのです。夫がエイミーを幸せにしてくれたのと同じくらい、彼を幸せにしてくれる人を募るための。

エイミーは2017年に、惜しまれつつこの世を去りました。でも、彼女のエピソードは、大切な人の幸せを願うということの本当の意味を、私に教えてくれました。自分を勘定に入れない幸せ、無条件の、自分のことでは一切ない幸せ。また、彼女のエピソードは、人生の短さをあらためて教えてくれます。チャンスや幸せを手に入れるのを先延ばしにする「先送り人生設計」を選んでも、設計どおりにはいかないかもしれません。

奇しくも、エイミーのコラムを読んで間もなく、わが家で、かねてからやりたかったことのいくつかを今年こそ実行に移そう、という話になりました。そのおかげで、私と家族にとって素晴らしい思い出がたくさんできました。

ですから、今度あなたが「〇〇には幸せであってほしい」と言うときは、エイミーのエピソードを思い出してください。そして、あなたの行動が言葉と一致しているか、真摯に振り返ってみてください。

05

ワークライフバランスの迷信
――達成度は「質」で測る

「『ワークライフバランス』というものなど存在しない。奮闘してでも得る価値のあるものは、何だって、生活のバランスを崩す」
■アラン・ド・ボトン（スイス出身、ロンドン在住の哲学者、エッセイスト）

「仕事と生活のバランスをうまくとりたい」という人がよくいますが、彼らが本当に望んでいるのは、そんなことではないように思います。**仕事と生活の調和なんて、そもそも実現不可能です。**多くの人がイメージするような、仕事とプライベートの完璧なバランスを追い求めていると、現実には往々にして、納得のいかない成果や、落胆や焦燥感に終わることになります。なぜなら、時間をやりくりしてバランスを保とうとするために、たくさんのことをいっぺんにやりすぎるからです。スケジュールを「バランス良く」こなそうと必死になるあまり、「やることリスト」の項目を順に片づけていくだけになって、良い成果を上げられません。「質より量」になっているからです。

そこで、私がバランスよりも本当に必要だと思うのは、仕事でも、仕事以外の場面でも、意識をフルにその場に向ける能力です。仕事とプライベートが両端にあるスケールがあるとして、私たちは、両方とも、邪魔されずに100パーセント充実させたいと思っています。ときによって、どちらかに偏るのは当たり前です。1週間どころか、たった1日でさえ、バランスをとれるはずがありません。それに、どれだけ時間をかけるかで、その質が決まるわけでもありません。

そう考えると、私たちが実現したいのは、いわゆるバランスではなく、さまざまな側面を統合できるライフスタイルです。仕事と生活の統合（インテグレーション）と言ったほうが、パズルのピースがぴったりはまるイメージに近いと思います。つまり、仕事でもプライベートでも、その日、その週によって組み合わせが異なるタスクやプロジェクトがあり、上質な体験の数々が合わさって1つのポートフォリオを形作っていく、という考え方です。

費やす時間の問題ではありません。いかに自分の意識を、今いる場面にフルに注ぎ、一つひとつのピースに取り組むか、ということなのです。

来週は、家でも職場でも、あなたの達成度を「質」で測ってみてください。

あり得ない「バランス」などというものをとろうと頑張らないで、中断せずにできたかどうかで判断するのです。きっと、今までになく「全般的によく頑張った」という達成感と充足感を味わえると思います。

06

失敗する自由
——失敗あってこその成功

「偉大な成功は、失敗する自由から生まれます」
■マーク・ザッカーバーグ（Facebookの創設者）

失敗の余地は誰にでも必要なものです。**失敗から学び、同じミスを繰り返さずに前進することを目指しましょう。**

さて、失敗する自由が抑圧された典型的な例が、2015年に発覚したフォルクスワーゲン社のディーゼル不正事件です。フォルクスワーゲンの元CEO、マルティン・ヴィンターコルンは、他社の重役の間では、要求の厳しい権威主義者として知られていました。そして失敗を極度に嫌っていたようです。さらに、社員が逆らえない雰囲気も作っていたと言います。

当時、フォルクスワーゲンは、業界での競争力を高めるための事業戦略のメインに、低燃費、低排出ガスの新型ディーゼルエンジンの開発を据えました。言うなれば「究極のエンジン」です。

ところが、新エンジンの生産開始後、その性能が、ヴィンターコルンが公式発表した数値に達していないことが判明したのです。開発部門の技術者たちは設計ミスの発覚を恐れ、専門知識を持ち寄って問題の隠蔽をはかり、結果的に何十億ドルもの損失をもたらしたばかりでなく、ブランド名も汚すことになりました。

この話とは逆に、リーダーが失敗を生かすべく采配を振るった例が、世界最大のヘッジファンドを創業したレイ・ダリオのベストセラー『PRINCIPLES（プリンシプルズ）　人生と仕事の原則』（斎藤聖美訳、日本経済新聞出版刊）に書かれています。レイは、ある社員の不注意により大きな損失を被った際、この社員を解雇しませんでした。その理由は、ミスをおかした社員を解雇すると、他の社員が過失の発覚を恐れるようになり、結果的に隠蔽を誘発すると考えたからです。

そこで、むしろ前述の経験を生かし、すべてのミスを報告して記録するシステム「ミステイク・ログ」を始め、これを全社員で共有することにより、皆が失敗から学べる仕組みを作りました。つまり、ミスすることではなく、ミスの報告を怠ることが、解雇の原因になるわけです。

成功につながる「貴重な経験」

失敗に対する考え方は人により微妙に違い、文化的な差異も少なからずあります。とは言っても、成功した人は口を揃えて、**失敗から学んだことが成功に寄与したとか、失敗あってこその成功なのだ**と言うに違いありません。残念なことに、昨今あまりにも多くの親たちが、子どもたちからこの貴重な経験を取り上げています。

過保護な親たちは、もちろん、良かれと思ってそうしているのでしょう。しかし、過干渉もいいところです。わが子が難しい問題にぶつかったり、居心地の悪い思いをしたり、それこそ失敗したりするのを見ていられなくて、生活の隅々にまで口出ししています。

このように、子どもの失敗を直接的、もしくは間接的に回避する子育ては、次世代を担う子どもたちの発達に深刻なダメージを及ぼす恐れがあると思えてなりません。私のほかにも、同じように危惧している人は少なくないようです。

07

プランのある人になる——リスクを覚悟して自分に賭ける

「成功することが何よりの復讐になる」（訳注6）
■エド・シーラン（イギリス出身のシンガーソングライター）

「一夜にして成功を収める」という言葉の嘘を解き明かすのは、私の好きなテーマの1つです。このテーマにぴったりなのが、エド・シーランです。

シーランは14歳のときにロンドンで音楽活動を始めました。その後、たった17歳で、両親の了解を得て、サフォーク州からロンドンに移り住み、シンガーソングライターとして生活するようになります。4年間で300回のライブ演奏を行い、自作CDをバックパックに詰めて販売を試みたものの、買ってくれる人は少なかったそうです。

そうこうするうちに家賃も払えなくなり、友人宅を転々とし、ときには地下鉄の中や、バッキンガム宮殿の暖房用の熱源機のそばで寝たりもしました。数年前のインタビューで当時を振り返って、こう話しています。

「あきらめようかと思ったことは何度もあった。横になって寝られるソファのない夜、お金が底をついた夜、お腹が空っぽの夜、携帯電話の電池が切れたままの夜——そんな夜は、自分の状況をあらためて考えざるを得なかった」

しかし彼はあきらめなかったのです。むしろ、突き進みました。2010年の4月、シーランはロサンゼルス行きの片道航空券を購入します。たった1人の伝手《つて》を頼りに、無一文で、あるのは希望と、必ず誰かに認めてもらうぞという決意のみ。相変わらず知り合いの家を転々としながら、ロサンゼルス中のライブスポットで、飛び入りライブの演奏を続けました。そして、ついに大ブレイクする機会がめぐってきたのです。

たちまち、彼はプロのミュージシャンとして飛躍を遂げました。最初のアルバム「＋」に続いて2枚めのアルバム「×」、3枚めに「÷」を出しています。シーランは、アルバムのタイトルはずっと前から決めていたと明かしています。私は、次のアルバムは、きっと「－」だと予想しています。四則計算の残り1つという意味でもですが、彼が、かつて思い描いた自分の計画に忠実であると示すことにもなると思います（訳注：執筆時点では未リリース）。

回「プランB」を用意しない

エド・シーランが並外れた才能に恵まれているのは疑う余地もありません。しかし、才能あるアーティストはほかにも大勢いるはずです。彼らにはシーランと同じように、いつかブレイクしてみせる、という意気込みもあるでしょう。では、才能に加えて、シーランを桁外れの成功に導いたのは何だったのでしょうか。そこに、繰り返し登場する要素が見えてきます。彼には、しっかりとしたビジョンと計画があり、ひたむきに努力する姿勢があり、夢が叶うまであきらめない、強固な意志と忍耐強さがあったのです。たとえ失敗しても、疲れ果てても、落胆しても、壁にぶち当たっても。そして、リスクを覚悟で自分に賭け、謙虚な心構えを貫き通したのです。

最後にもう1つ注目したい点は、シーランがあえて次善の策を用意しなかったことです。「ミュージシャンとして大成する」というプランAだけが唯一の選択肢でした。もしかしたら、お父さんの助言を忠実に守っていたのかもしれません。「本気でやりたかったら、代替策を考えないほうがいい。選択肢がほかになければ、いずれやり遂げるだろうから」

ともあれ、ちゃんと計画があったことが彼の強みでした。

08

「素質がある」と言わせない——しっかりと結果を残す

「偉大な素質ほど大きな重荷はない」

■チャールズ・M・シュルツ（アメリカの漫画家。人気キャラクター、スヌーピーの生みの親）

私たちがやる気を出すときは、感情のスケール上では正反対にある気持ちのどちらかがきっかけになるケースが多いようです。気持ちが奮い立ったときか、居心地の悪い思いをしたときです。

今回は、居心地が悪くなるほうに焦点を当ててお話しします。

先日、私の友人、コナー・ニールがある集まりで話をした際、ちょっと厳しいけれども図星を突いた名言を伝授してくれて、以来、私の脳裏に焼きついています。それは次のとおり。「あなたが10歳なら、素質はほほえましいもの。20歳なら、素質があるのは悪くない。けれど40歳にもなると、素質は侮辱的なニュアンスを帯びてくる」

痛いところを突かれた人もいるかもしれませんが、このフレーズは実に言い得て妙だと思います。歳月を経るにつれ、同じ言葉が、楽しみなものから、すがるものに変わり、挙句の果てには侮辱になってしまうのです。

そんなはずはないだろう、と思いましたか？　では、15歳の子を持つ親に向かって、「あなたには良い親になる素質がある」と言ってみてください。どんな顔をされるでしょうか。

いっぽう何かを10年、20年やってみたけれどさっぱり上達しない、という人にも素質がないとは言い切れません。おそらく、その人に欠けているのは、**素質を生かす才能か、素質を実体のあるものに変えてやろうという決意**です。

現実的には、素質には有効期限があるのです。

私たちは、究極的には、どの分野で自分の素質を実績に変えたいのか、それを決めなければなりません。おそらく、自分にとっていちばん大切な何かがそれでしょう。ほかの人が決めた重要なことや、ほかの人にとって価値があることではないはずです。

あなた自身の人生や、あなたが率いる組織において、将来のどの時点で「素質（または見込み）がある」と言われると侮辱された気がするだろうか、と自問してみるといいと思います。

◻今から5年後の自分を想像してみる

私自身、この問いの答えを考えてみました。私は人生のどの時点でも、過去を振り返って「自分にはもっとできたはず。もっといい○○（父親、夫、経営者）になれる素質があったのに」などと思いたくありませんし、そのときの自分がベストを尽くしていなかったら嫌です。

このことを頭の片隅に入れて、今から5年たったところを想像しください。そして自分に次の質問をしてください。

・仕事に関して（全般でも、特定の製品やサービスでも）、「見込みがある」とはもう言われたくないのはどの時点？
・家庭やプライベート面について、「見込みがある」とはもう言われたくない時点は？
・「あなたには○○になる素質がある」と、もはや言われたくないのはいつ？

もしあなたが今、この3つの点すべてにおいて、自分が持っている可能性にマッチした生き方をしていないのなら、すぐに行動を起こしてください。

「可能性を秘めていた」人にはならないように。どうか可能性を生かす人になってください。

09

親にできること——家族との時間にも全力投球する

「100年後には、私の銀行口座の残高も、私がどんな家に住んでどんな車を運転していたかも、どうでもよくなる。しかし、私が1人の子どもの人生に影響を与えたことが、世界に違いをもたらすかもしれない」

■フォレスト・E・ウィットクラフト（ボーイスカウトアメリカ連盟の指導者）

だいぶん前のことです。私の良き相談相手であり同僚だったナタン・パーソンズが「私の子どもたちは、これからバカなことをやらかしたり、浅はかな選択をしたりもするだろうが、それも人生の勉強だ」と言いました。そして究極的には、子どもたちが「良い人」に育ち、何か社会のためになることをしてくれればじゅうぶんだと。ナタンにとっては、これが一にも二にも大切なコア・バリューであり、彼自身もそのために全力投球することを選んだのです。特に、ついには敗れることになる、がんとの闘病生活の中で。

私は折に触れて、ナタンに教えられたことを思い出します。つい先週も、わが家の10代の娘と、インスタグラムの使用やら部屋の散らかり具合やらで口論になったのですが、娘の言い分を聞いているうちに、インスタグラムや部屋の状態の背景には「Tシャツを売って稼いだお金の半分を、マンチェスターで起きた爆破事件の被害者のために寄付したい」という意図があったことがわかりました。私たちは、木を見て森を見ないことが多々あります。

私は、**父親という立場の大きな特典の1つは、子どもの視点で世の中を見られることだ**と実感しています。子どもの目線というレンズを借りると、何かを決める際や良いお手本を示したいときに、自戒のフィルターになるのです。また、子どもの目線で見ると、「親の言うとおりにしなさい。ただし、親の真似はするな」式の子育てや指導のしかたは、いずれ壁に突き当たることがわかります。わが家でも、私の言うこととやることが違うと、子どもたちにすかさず指摘されます。(「ほら、お父さん、スマホばかり見てないで!」)

これまでに取り上げたトピックで最も好評だったものの1つが、「ワークライフバランスの迷信」です。仕事とプライベートの完璧なバランスは可能だという考えは、根本的に誤りだとお話ししました。本当に求められているのはバランスではなく、仕事でも、仕事以外の——特に、家族と過ごす——場面でも、自分の意識をそこに注ぐ力だと、私は思うのです。これには、家族の絆を深める、水入らずの時間を持つことも含まれます。

□家族とのつながりを深めるための4つのヒント

このテーマに関して、スコット・ワイスが、「仕事で成功し、家庭で失敗した」というタイトルの秀逸なエッセイを書いています（訳注7）。ワイスは、ネットセキュリティサービスの会社、アイアンポートシステムズの創始者です。エッセイの中で、「あれもこれも全部」こなそうとしていた自分自身の経験に基づいて、家族とのつながりを深めるための4つの原則を紹介しています。

1. 電源を切って、家族とつながろう。
2. 計画を立て、優先順位をつけよう。
3. コミュニケーションをとろう。
4. 参加しよう。

子育ては、最も責任の重い、最もやりがいのある仕事だと痛感する人が多いのではないでしょうか。

10

ムーンショット――大きな目標に向かって挑戦しよう

「私たちは、10年以内に月に行き、ほかにも数々のことを成し遂げようと決めました。それが容易だからではありません。むしろ、困難だからです。この目標が、私たちが持つ最高の行動力と技術を集結し、私たちの力量を測るのに役立つものだからです」（訳注8）

■ジョン・F・ケネディ（アメリカ合衆国第35代大統領）

人類の歴史を振り返って、実現が不可能と思われた目標に挑んだ事例の中でも特筆に値するのが、ジョン・F・ケネディ大統領が1962年に国民に宣言した、「アメリカ合衆国は60年代のうちに人間を月に着陸させる」というものでしょう。当時、この目標は、大多数の人の想像を超えていました。

ジム・コリンズは、絶賛を博した著書『ビジョナリー・カンパニー 時代を超える生存の原則』（ジェリー・ポラス共著、山岡洋一訳、日経BP刊）で、自身が発明した「BHAG」という略語を紹介しています。これは「壮大な（Big）リスクの高い（Hairy）野心的な（Audacious）ゴール（Goal）」を意味します（訳注9）。ケネディ大統領が宣言した、60年代のうちに月面着陸を成功させるというゴールは、歴史上のBHAGの中でも際立った例でしょう。

ケネディ大統領が宣言したゴールが現実となってから半世紀を迎えました。1969年の7月20日、3人の宇宙飛行士を乗せた宇宙船アポロ11号が月に着陸し、ニール・アームストロングとバズ・オルドリンが、地球以外の天体に降り立った最初の人類となったのです。もう1人の飛行士マイケル・コリンズは、全員の安全を図るため司令船にとどまりました。

この出来事の50周年を祝ってマスメディアがこぞって特集を組んでくれたおかげで、このとてつもない目標達成の舞台裏を、あらためて知ることができました。綿密な計画。莫大な経費の投入。長期的ビジョンやチームワーク。そして、そこには、どんな組織でも学ぶことのできる3つの教訓が隠されています。

・意思あるところに道は開ける

iPhoneのプロセッサには、アポロ11号に搭載されたコンピューターの10万倍の処理能力があるそうです。この事実を知ってとても驚きました。つまり、今日私たちが使っているiPhoneは、1台で、月探査ミッションを1億2000万回行うに足る能力があるということになります。そう考えると、困難なことを行う際には、最高の技術・装置や人材さえ揃えばいいというわけではないのは明らかです。肝心なのは、関わる人全員が、個々のレベルでも、集団としても、目標達成のための強い意志を持つことなのです。

・具体的で測定可能なゴール

仮にケネディ大統領が、60年代に「宇宙探査計画を進展させよう」と言ったのであれば、月着陸は実現しなかったでしょう。目標がわくわくする内容であればあるほど、具体的であるほど、期限が明確であるほど、人は達成に向かって力を合わせるものなのです。

・最強のチーム

人類初の月面着陸を成功させるには、計画に関わるすべての人が、専門分野や経済的成功のいかんを問わず、「1つのゴールを目指す1つのチームのメンバーである」ことを自覚する必要がありました。

例えば、アポロ11号に不可欠な先端技術の開発と供給を請け負った何百もの事業者は、業界では競合していたわけですが、月探査計画に組み込まれた時点で、同じチームのメンバーとなったのです。これこそ、業界のライバル同士が大きな目的のために力を合わせて最強のチームを作った、格好の例です。

もう1つ大事な点は、世界中の専門家、すなわち、数学者、科学者、エンジニア、パイロット、整備士をはじめ何十万人もの人が、共通のゴールを実現するために、エゴを捨ててそれぞれの仕事に勤勉に取り組み、表舞台を陰で支えていたことです。アポロ11号計画の成功は、まさに、人々が自分や自分が所属する集団の利害を優先せず、組織全体の益のために力を合わせると、想像を超える結果を出せるという証です。

11

捨て駒——オールマイティでなくてもいい

「大きなことを成し遂げるための唯一のチャンスは、捨て駒を決めること。そうするのを拒むのは、月並みに終わるためのレシピのようなもの」（訳注10）

■フランシス・フレイ（ハーバード・ビジネススクール教授）

組織でも個人でも、抜きん出るためには、自らの悪い点を受け入れる必要があります。もちろん、行いの悪さを言っているのではありません。自分の欠点をはっきり認識するという意味です。

これは、私も出席したビジネスリーダー対象の講演で、フランシス（愛称フラン）・フレイが強調したメッセージです。フランはリーダーシップやカスタマーサービスをテーマに講演や執筆を行い、著書がベストセラーになっています。私が出席した講演では、家具メーカー「イケア」など数社を例に挙げて説明してくれました。

イケア社は創業時に、新たな潜在顧客層の開拓を狙って、組み立て、品質、店舗の場所とアクセスは同社の弱点にすることを決めました。その代わり、価格と流通システム、狭い空間を想定した垢抜けたデザインに主眼を置きました。後者を求める消費者にターゲットを絞り、前者にこだわる消費者には重きを置かなかったのです。その結果、2019年には売上高400億ドルを超える巨大企業に成長しました。

私たちは、仕事でもプライベートでも、これと似たような決断を迫られることがあります。よくある間違いは、何でも上手にやろうとしてしまうこと。それよりも、自分が得意とすることや最も大切なことなど、片手で数えられる程度の項目に絞ったほうがいいのです。厳選した項目を確立してしまえば、選抜からもれた項目については言い訳をする必要もありません。

すべての面で優等生になろうなんて無理です。

▢不得意なことへの罪悪感を捨てる

フランの講演からもう1つの例を紹介しましょう。働く親を対象に彼女が行った調査から明らかになった、幸福感の差です。調査の結果、幸福感を持てず、ストレスを感じていたのは、毎日の生活のすべての面を抜かりなくこなそうとする親たちでした。

逆に幸福感が高かったのは、自分の力量を発揮できる分野（仕事、家族関係などで）をはっきり認識していた人たちです。さらに、この人たちは、それ以外のことならきっぱりと、あるいは一時的に、断念するのもいとわないことがわかりました。つまり、自分の弱点を悪びれずに受けとめていた、と言ってもいいでしょう。

このような生き方を実践する最初のステップは、不得意なことについて抱いている罪悪感をさっぱり捨てることです。私は高い目標を目指すことの重要性について、くどいほど書いていますが、苦手なことに後ろめたさを感じてしまう自分の気持ちをなくす努力もしています。事実、得意な分野を優先するようにしてから、私は社員や友人や家族のために、以前より貢献できるようになりました。

不得意なことがあるのは気分の悪いものですが、もっと大事なことに力量を発揮するためとわりきりましょう。次の点を心に留めてください。すべての人にすべての面で役立とうとすると、かえって、誰の役にも立てなくなってしまいます。

12

原点に立ち返る
――辛い経験を成長につなげよう

「私が心の底から確信しているのは……私たちの最大の資質は、最も深い傷のすぐ隣にあるということ」

■フィリップ・マッカーナン

ニューヨークで出席したある会合での話です。そのときのテーマは「仕事と生活の統合」でした。会には主催者の依頼で出張イラストレーターが同席していました。ディスカッションの内容を視覚化してもらい、出席者がちょっと違った角度から当日を思い出すことのできる資料を持ち帰れるように、という取り計らいでした。

イラストレーターが繰り出す見事なスケッチに感心した私は、どんなきっかけでこの仕事を始めたのか尋ねました。すると、「私の目的は、話す人が100パーセント聞いてもらえて、見てもらえることなんです」という答えが返ってきました。

今度はその答えの明快さに驚いて、さらに突っ込んで、そのきっかけはもしかすると、子どもの頃の経験にあるのですかと、聞いてみました（もちろん、質問が個人的すぎたら答えなくて構いません、と前置きして）。しかし彼女はためらわずに、幼い頃、吃《きつ》音《おん》に悩み、言いたいことを伝えられなかったのだと教えてくれました。

私は心を打たれると同時に、やっぱりそうか、と思いました。私は今まで、大勢のトップレベルの人たちから、彼らを駆り立てるものは何かという話を聞いて、そこに繰り返し現れるパターンに気づいていました。**どうやら、人生の目的は、子どもの頃の経験、特に、辛い経験に原点があるケースが多いようです。**

例えば、読み書きを習うのに苦労した人は、文章の達人になろうと頑張るかもしれません。あるいは、家族が不当な扱いを受けた人たちの中から、人権擁護や法改正の運動を率いる人が出るかもしれません。

しかし、自分を駆り立てているものを押し殺している人も多いのです。自分のコア・パーパスや、自分が特別な思い入れを持っていることの根底にある痛みをはっきり自覚していないか、その痛みに正面から向き合っていないからです。そして、誰かを責めるのは嫌だから、あるいは被害者として見られたくないから、現実から目をそらしたり、現実を否定したりしています。

こんな例を考えてみてください。ある人が学童向けの放課後プログラムを考案し、とても優れたプログラムなので表彰されたとします。実はその人の親はシングルペアレントで、2つの仕事をかけ持ちして生活費を稼いでいたため、家にいられる時間が限られていました。この人にとって、かつて自分たちが生きていくために必死に働いてくれた親への感謝と、いつも独りぼっちで辛かった自分の気持ちを受け入れることは、互いに相容れないのです。

人生の目的と苦痛の関係は、苦痛というものが個人としての成長にも、キャリア上の成長にも欠かせない材料であることを示唆しています。昨今、企業のリーダーには、社員に失敗を経験させて居心地の悪い体験から学ばせる余裕がありません。けれども私は、新任の採用担当者が、間違った人材を採用してしまってから初めて、面接のやり方の見直しに真剣に取り組んだ例を少なからず知っています。その経験は、彼らの成長に必要な要素なのです。採用ミスの影響がチーム全体に及んだ苦い経験ゆえに、その後のキャリアを通じて忘れない教訓になるでしょう。

居心地の悪い思いや苦痛を避けるのが大きな誤りである理由は、そうすることで、結果的には、その人が飛躍的に成長する機会や、コア・パーパスを発見する機会が失われるからです。

それでは今週は、子どもの頃や、今までのキャリアを振り返ってみてください。

・意識的に、あるいは無意識のうちに、ずっとあなたを駆り立ててきた過去の経験があるでしょうか？
・いったん気づけば一目瞭然の因果関係を、見落としてはいませんか？

それを発見できたら、今こそプラス方向に生かすときでしょう。

13

カルペ・ディエム
――今日という日を最大限に生かそう

「悔いはありません。悔やんでなんていられません」（訳注11）

■アラン・ウィン・ジョーンズ
（ウェールズのラグビー選手。2019年のW杯ではウェールズ代表チームのキャプテンを務めた）

「カルペ・ディエム」は、「その日を摘みとれ」という意味のラテン語です。明日のことを思い煩わず、今日という日を最大限に生かそう、という意味が込められています。

全米最大のアメリカン・フットボールのイベント、スーパーボウルを初めて観戦する機会が舞い込んできたとき、まず頭に浮かんだのは、「人混みの中より家でのんびり過ごしたい」という思いでした。が、ニューイングランド・ペイトリオッツが最多出場回数を更新する特別な試合になることなど歴史的な意義を考え、思い直しました。長男は（ペイトリオッツの）トム・ブレイディ選手を崇拝しています。その長男が、ぜひとも一緒に連れていってもらおうと「さりげなく」アピールし始め、ブレイディ選手の写真を自分のビジョン・ボードに目立つように貼ったりもしました。ちなみに、ビジョン・ボードというのは、目標を視覚化するために、わが家では毎年1月1日に全員がそれぞれ作ることにしているものです。

試合当日までの数週間、息子はスーパーボウルの夢を何度も見ました。朝、夢の内容を私に話してくれるのです。ほとんどが、息子自身が試合を観戦している夢でした。私は、これは父と子で体験するのにうってつけの機会だと感じて、息子の分のチケットを手に入れようと探し始めました。

ところが、全然ないのです。試合の数日前に1枚入手可能になったものの、開催地であるヒューストン行きのフライト情報を見ると、すべて満席でした。

空港へ向かう朝、息子を抱きしめて、願いを叶えてやれずにすまなかった、たぶん今回はそういう巡り合わせではなかったんだよ、と言いました（11歳の子どもが聞いて納得する言葉ではありませんが）。

悔いのないように生きる大切さ

空港のロビーで搭乗を待っているとき、ふと、出発前にもう一度、デルタ航空のアプリを確認してみたくなりました。すると、なんと、マイレージで交換できる低ランクの特典航空券が1名分あるではありませんか。そのフライトで最後の空席です。24時間以内ならキャンセル可能でしたから、その場ですぐ購入しました。

ヒューストンへ向かう機上で、連絡できる知人すべてにあたって観戦チケットを探したところ、嬉しいことに、手頃な価格のチケットが1枚、手に入ったのです。万事うまくいきそうでした。しかし、ヒューストン空港に着き、いざ支払い手続きをする段になって、こんな考えがよぎりました。「待てよ、自分は40歳にして初めてのスーパーボウル観戦だ。たった11歳の息子を、1人で飛行機に乗せてここまで来させようなんて、どうかしてる。こんな経験をするのはまだ早すぎるんじゃないか。息子がもう少し大きくなるまで待ったほうがいい。これからもチャンスはあるだろう」。本当に、このときはすべてキャンセルするところでした。

でもそのとき、ほんの3週間ほど前に自分が引用した言葉を思い出しました。「後悔するのは、つかまなかったチャンスのことだけ」。悔いのないように生きる大切さを日頃から強調している私がここで投げだしたら、口先だけの人間になってしまいます。そこで、私は妻に電話してこう言いました。「面倒をかけることになって申し訳ないけど、やってみよう。この件には特別な思い入れがあるんだ」。息子はといえば、この試合のためではなくて、いつ1人で飛行機に乗るんだろう、と考えたのでした。

そして、息子は、父親の私と祖父と一緒に、スーパーボウル史上に残る大逆転劇を目の当たりにすることになったのです。私はいつの日か、自分の孫たちに、「君たちのパパと一緒に見た試合」の話を聞かせてやりたいと思っています。ペイトリオッツのエデルマン選手の、地面すれすれのキャッチ。それから、トム・ブレイディ選手とヘッドコーチのビル・ベリチックが、揃ってスーパーボウル7回出場を果たし、記録を更新したこと。

でも、仮にペイトリオッツがこの試合に敗れたとしても、観戦に行ったことは絶対に後悔しなかったと言い切れます。もちろんがっかりはしたでしょうが、あの経験だけで、もうじゅうぶん行った甲斐があったのです。対戦チームのリードで第4クォーターに突入したとき、息子とそう話しました。それよりも、チャンスがあると知りながらそれを見送ることを選んでいたなら、そのほうが何年たっても頭から離れなかったでしょう。したことを後悔することは滅多にないというのは本当なのです。後悔とは、しないこと、すればよかったこと、しなかったことについてするものです。

私が思うには、今回のエピソードの真のヒーローは、絶対行くと心に決めた11歳の少年です。彼は、それを実現するイメージを思い描き、実現のために努力を貫きました。そして、またとないチャンスが巡ってきたとき、それまで抱いていたかもしれない不安に打ち勝ち、飛行機に乗り、「その日をつかんだ」のです。私たち大人にも貴重な教訓となる出来事でした。

第2章

知性のキャパシティを広げる

――しなやかな心構えで、積極的に学ぼう

長期的なゴールと、短期的なゴールを設定する

精神のキャパシティの役目が、人生の大きな決断を導く、あなたの人生観の特徴を形作ることなら、知性のキャパシティの役目は、あなたが目的に向かって前進するための、日々の行動を決定することだと言えます。知性のキャパシティは、あなたがどのように思考し、学習し、計画し、自制心を持って実行していくかにかかっています。

知性のキャパシティを作るものは、突き詰めて言えば、あなたの**心構え**（**マインドセット**）と、**計画性と**、**毎日の行動**です。簡単そうに聞こえますが、知性のキャパシティを広げるにはまず、あなたが、自分にはそれができると信じなければいけません。高いレベルの結果を出している人たちは、共通して、知的好奇心を持っています。この人たちは、もっと学びたいという意欲を常に持ち、新たな情報を探求することにより、能力を伸ばしてきたのです。

知性のキャパシティは固定されたものだと思ってしまうと、現状以上に広げることはできません。知性のキャパシティを広げるためには、しなやかな心構えで、学びの機会を積極的に求めることが決め手になります。それは、自分が気づいていない欠点は何か、どこを改善したらいいかについて、まわりの人から直接フィードバックを引き出し、率直な指摘に耳を傾けることも意味します。

また、明確なゴールを設定すること、さらに、ゴールの達成に不可欠な自律的習慣を身につけることも、知性のキャパシティの成長を促します。ゴールを設定する際は、まず長期的なゴールを掲げ、さらに、その達成に近づいていくステップとなる短期的なゴールを設けないと意味がありません。そうしないと、単に「やりたいこと」リストの項目を端から片づけていくだけになり、意味のある結果に向かって進めないからです。また、つい目先の急用を優先して大事なことがあと回しにならないように、気をつける必要もあります。

知性のキャパシティのもう1つの側面は、おそらく実践が最も難しい部分だと思います。それは、毎日の生活に継続的な習慣を組み込むことです。これには実行力を要します。私の場合、朝のルーティンに本腰を入れて取り組むことでしたが、これが「フライデー・フォワード」誕生のきっかけになりました。私が取り入れたもう1つの習慣は、自分が掲げたゴールを達成するために避けて通れない、改善の余地がある領域について、学ぶ時間を設けることでした。そこで、本を読んだり、専門家のポッドキャストを聴いたり、さらには、継続的に身近な人から学ぶ機会を持つべく、企業経営者の組織に参加したりしました。

現代のようなスピード社会では、短期間に目覚ましい成果が表れないと、努力をやめたくなってしまいます。でも、知性のキャパシティは、毎日ほんのわずかでも広がればいいのです。時間をかけて、小さな進歩を積み重ねていきましょう。

本章に収めたストーリーは、今お話ししたことを具体的に示してくれます。そこには、皆さんが、日々、着実に成長を続けるためのヒントが隠されているはずです。例えば、「短期間で成功する」という考え方がなぜ大きな勘違いなのか、わかると思います。また、長期的に重要なタスクと、当座の緊急タスクの判別がうまくなるはずです。そして、何事でも最高水準を目指しつつ、まわりの人のために労を惜しまない人たちの話に、はっとさせられるでしょう。皆さんが今日から変革を起こしていくためのアイディアを、たくさん集めました。

各エピソードを読みながら、次の質問への答えを考えてください。

・あなたはどんなゴールを設定しましたか?
・なぜそのゴールが大事なのですか?
・あなたに率直なフィードバックをくれたり、怠けたら叱ってくれたりする身近な人は誰ですか?
・習ってみたいと思いながら、そのための時間を作っていないことは何ですか?
・取り入れたい良い習慣、なくしたい悪い習慣は何ですか?

知性のキャパシティを広げる近道はありません。時間と真摯な取り組みが必須です。でも、このあとに続く数々のエピソードを読めば、なぜキャパシティ・ビルディングが、仕事でもプライベートでもあなたの役に立つのか、納得がいくと思います。もし、いつも時間が足りないと感じているなら、誰もが与えられている同じ24時間の間に、有益なことをもっとたくさんやる意義を実感してもらえると思います。

14

一夜で成功は収められない
——自分に言い訳をしない

「野心をともなわない知性は、翼のない鳥のようなものだ」

■作者不詳

何年も前になりますが、カーナビゲーションアプリ「Ｗａｚｅ（ウェイズ）」の共同創業者、ウーリ・レヴィンを講師に迎えた少人数のセミナーに出席したことがあります。使いやすさで人気のあったＷａｚｅを、グーグルが11億5０００万ドルで買収してすぐの頃です。

当時、巷では、Ｗａｚｅは起業して1年以内にすでにグーグルに買収されていたらしい、という噂が流れていました。お恥ずかしいのですが、実は私もその噂を聞いたときは、とっさに「めちゃくちゃラッキーだなあ」と思ったものです。浅はかでした。

実際にウーリ本人の話を聞いて、Ｗａｚｅは決して短期間に大成功を収めたわけではないことがはっきりしました。むしろ、ほぼ10年にわたって紆余曲折し、破綻寸前の状態も数回経験して、自己資本をほとんど失ったこともあるそうです。しかし、ウーリが運営の舵を握っていたのは幸いでした。彼は運営の効率を下げている問題を究明して改善策を打ち出すことに並々ならぬ情熱を傾けていたのです。いつも「Fall in love with the problem, not the solution.（解答ではなく問題に恋しよう）」とプリントされたTシャツを着ていたほどでした。

ウーリの話を聴いて以降、「短期間での成功はない」ことを裏付ける話を、ほかにいくつも読みました。その1つがベン・シルバーマンの経験談です。

ベンの場合、最初の1年間は失敗の連続でした。開発したウェブサービスへのアクセス数が減少したり、友人や家族に反対されたりしましたが、それでも、自分がこれと決めたアイディアを妥協せずに貫き通しました。

彼があきらめずに前進できたのは、とにかく自分のアイディアが気に入っていたことが半分、挫折して恥をかきたくなかったことが半分だったそうです。努力の甲斐あって、今やベンのアイディアの集大成を知らない人は少ないでしょう。何を隠そう、彼が開発したのは、「ピンタレスト」です。

□成功した人の心構えに注目する

では、「○○は一夜にして成功を収めた」という風説がまことしやかに流布されるのはなぜでしょうか。おそらく、他人の成功の理由を幸運やタイミングの良さのせいにするほうが、その人の熱意だとか、意志の強さだとか、長い歳月をかけた地道な努力だとかを認めるより、気休めになるからでしょう。これは、「あの人は頭がいいから成功するのも当然」などと言って、自分が怠けたり実力を出しきっていなかったりすることの言い訳にするのと同じです。

本来なら、成功者の知能の高さではなく、心構えに注目するべきなのです。というのも、やる価値のあることは、そう簡単にできないのが当然だからです。

自分に言い訳をするのはやめましょう。

成功を収めるために不可欠な時間や労力を投資する覚悟が自分にはないからといって、他人の努力をうやむやにしてごまかしてはいけません。今度、誰かが短期間で成功したという話を耳にしたら、少し突っ込んで背景を調べてみてください。たいがいのケースは、何十年もかけて成し遂げられたものだと思います。

15

過干渉をやめる
――そばで見守り、励まそう

「ときには、あなたの可能性を信じている人たちを信じて、自分の信念が目覚めるのを待つことも必要だ」

■ジョン・ディジュリアス（アメリカのカスタマーサービスコンサルタント、著作家）

自分と信念を共にする人がまわりにいることは、とても重要です。リーダーとして成功するためにも、子育てがうまくいくためにも、それが基盤になります。宗教の土台をなしているものも同じです。

ただし、信念は現実に即していなければいけません。つまり、望んでいる結果を達成するには何が必要か、という現実です。信念と現実性のどちらかが欠けていると、挫折や失望につながる可能性が高く、ときには、せっかく持っている力を発揮できずに終わってしまうでしょう。

例えば、私が娘に「君にはハーバード大学に進むことだって、オリンピック選手になることだって可能なんだよ」と言うとします。でも、それを実現するためには、相応の意気込みを持って、時間をかけて真摯に努力し、必要なスキルを磨くことが前提だと説明してやらなければいけません。**もし本気で何かを望むなら、そのための努力をほかの人が肩代わりすることはできない**、と娘自身がはっきり認識することが重要なのです。

私の子育てのモットー「必要な努力をすれば、何だってできる」の裏には、この条件が付随します。

信念は、現実に根ざしていることが肝心なのですが、過干渉な親や、いわゆるヘリコプター・ペアレント（子どもの上空をホバリングするように見守る親）は、ここを大きく勘違いしているように思います。子どもに向かって、あなたにはできる、と言っておきながら、子どもが壁にぶつかるやいなや、代わりに問題対処を引き受けてしまう。

でも、そんなことをすると、子どもが失敗から学ぶ機会を奪ってしまいます。失敗から学ぶ経験こそ、成功には不可欠な要素なのです。

励ましの一言が持つ力を思い出してください。誰かの努力を肩代わりしたりせず、本人が自分でキャパシティを広げるよう背中を押して、あとは独り立ちしてもらいましょう。彼らが、自分を信じることを、自分で学ぶのがいいのです。

16

緊急と重要のマトリクス
―― 優先順位を見直そう

「重要なことはたいてい緊急ではなく、緊急のことはたいてい重要ではない」(訳注12)
■作者不詳(ドワイト・D・アイゼンハワー大統領が引用)

「アイゼンハワー・マトリクス」と呼ばれる時間管理術があります。リーダーシップ論で著名なスティーブン・コヴィーによって広く知られるようになった、優先順位を決めるのに大変役立つ方法です。その名の通り、かつてアイゼンハワー大統領が用いたもので、どの職務や活動に注意を向けたほうがいいのか、どれは度外視していいのか、あるいは優先順位を下げたほうがいいのか、見極める方法です。

この方法では、私たちが日常で直面するタスクを4つのタイプに当てはめて考えます。そして、たいていの人は、次の順序で用事を片づけていきます。

1　緊急かつ重要。
2　緊急だが重要ではない。
3　重要だが緊急ではない。
4　緊急でも重要でもない。

実は、私たちは「重要だが緊急ではない」ことよりも「緊急だが重要ではない」ことを優先しがちで、そのため、かえって生産性を下げているのです。この順序の問題点は、将来の目標など、長期的な視野で見たときに重要なことがあと回しになり、やがてそれらのことが「緊急かつ重要」になったとき、場当たり的に対応してしまうことです。これでは、不測の事態と同じ扱いになってしまいます。

また、緊急だが重要ではない用事を優先していると、最も重要なことへの取り組みから意識がそれてしまいます。まさに、「きしむ車輪には油」の諺《ことわざ》のとおり、目立つほうに注意が向いてしまうのです。「至急」の件を端から済ませていくと、確かに気分はいいものですが、仕事でもプライベートでも、あまり前進はしません。

□長期的な視野で目標を見据える

私も、1年前から、「やることリスト」を次のように分類して、アイゼンハワー・マトリクスがすすめる順番に対応するよう心がけています。

1 重要かつ緊急：不測の事態や、必須の事項に対応する。
2 重要だが緊急ではない：好機を見逃さない。戦略を練る。「質」に重きを置くプロジェクトに取り組む。
3 緊急だが重要ではない：重要なことが中断されないよう、雑務に忙殺されないよう留意しながら対応する。時間や資源を投入しすぎず、可能ならばほかの人に代わってもらう。
4 重要でも緊急でもない：些細なことやムダなことは、省略または除去する。

私と同じように優先順位の並べ替えを行った大勢の人たちからも、とても効率が上がったという感想を聞きます。私は、この方法で「やることリスト」を作って実行するようにしてからは、大事なことをうっかりあと回しにして「うわ、しまった」とならずに、目標を達成できるようになりました。

強調しておきたい点は、まわりの物事に受け身の姿勢で対応していると、自分が立てた大きな目標を達成できなくなってしまう、ということです。ですから、アイゼンハワー式の「緊急・重要」マトリクスを活用するにしても、ほかの効率化ツールを活用するにしても、肝心なのは、急ぎの件に注意を奪われずに、長期的な視野で達成したい目標に焦点を当てることです。そうすれば、自分でも意外なほど、多くのことを成し遂げられるはずです。

17

早起きは得する——自分に合った朝の習慣を作る

「朝の時間を充実させれば、人生はおのずと充実する」
■ハル・エルロッド（アメリカのライフコーチ、著作家、基調講演者）

2008年に世界が金融危機に見舞われた際、ハル・エルロッドは、いわばキャリア上の臨死体験をすることになりました（訳注13）。当時彼は婚約して新居を購入したばかりだったのですが、予定していた講演会やコーチングセッションがキャンセルされ、収入源を絶たれて、借金がたちまち42万5000ドルに膨れあがりました。すべてが悪い方向へ向かい、自殺さえ考えていました。

けれども、自分を奮い立たせ、モチベーションを取り戻すために、さまざまな分野の世界的な成功者について詳しく調べてみることにしたのです（アーティスト、スポーツ選手、ビジネスリーダーなど）。すると、その人たちのほぼ全員が、毎朝必ず行うルーティンを決めていること、そして、彼らのルーティンにはいくつか似通った要素があることがわかりました。

どれを手本にするのがベストか決めかねて、エルロッドは自分なりの朝の習慣を編み出すことにしました。成功者たちのルーティンにあった要素をすべて取り入れ、朝一番のルーティンを独自に考案し、妻のアイディアを借りて「ミラクル・モーニング」と名づけました。

その後、エルロッドは朝の習慣がいかに自分の人生を好転させたかを1冊の本にまとめます。この『朝時間が自分に革命をおこす　人生を変えるモーニングメソッド』（鹿田昌美訳、大和書房刊）はほどなくベストセラーになり、朝の習慣のおかげで毎日の生産性が上がった早起き愛好家の輪が、オンラインでもオフラインでも広がりました。私も、数年前にエルロッドの「ミラクル・モーニング」式の習慣を取り入れて以来、ずっと好調です。

エルロッドは、朝の時間を充実させるルーティンの6つの要素を、「SAVERS（セイバーズ）」と呼んでいます。

1　Silence（静寂）：瞑想、祈り、内省、深呼吸など。あるいは以下に続くほかのステップと組み合わせて感謝の気持ちを表してもいい。

2　Affirmation（自己の肯定）：自分をポジティブに表現する言葉を反復し、前向きの心構えと自信を培う。

3　Visualization（視覚化）：想像力を働かせ、自分が達成したいゴールや、とりたい行動を具体的にイメージする。

4　Exercise（運動）：血行を良くし、心拍数を上げる運動を、たとえ数分間でも行う。ストレス対処能力や集中力を高めるなどの効果大。

5　Reading（読書）：自己啓発書や、心を豊かにする読み物を最低10ページ読む。本書を活用してもOK。

6 Scribing（ジャーナリング）：毎日書く。日記でも、いずれ本にまとめたいものの一部でも、あるいは頭に浮かぶことを次々に書き出してもいい。

エルロッドは、その後、2016年に、生存率わずか30パーセントの悪性腫瘍が見つかったものの、それをも克服し、今は、当時の闘病と回復のプロセスに「ミラクル・モーニング」の習慣が大きく貢献したことに焦点を当てて講演しています。

エルロッドが各分野の成功者について調べたように、ちょっと調べてみるとわかると思いますが、**高いレベルで結果を出し続けている人ならほとんど誰でも――いわゆる夜型の生活をする人を除いて――朝のルーティンを決めています。**早起きして、周囲に対し、防衛戦ではなく攻略戦で臨みます。ほかの人ではなく自分にとって最も重要なことに意識を集中し、目的意識を持って1日をスタートするのです。そして、その日その日の状況に振り回されることなく、自分の毎日をしっかり管理しています。

起床時間を早めるなんて無理、という声をよく聞きます。でも、私自身の経験から言わせてもらえば、むしろ早起きしないなんて、もったいないと思います。

18

運がいいということ
――チャンスに備える

「思慮の浅い者は運を信じるが……自分をしっかり持っている者は物事の因果関係を信じる」
■ラルフ・ウォルドー・エマソン（アメリカの思想家、詩人、エッセイスト）

あるインタビューを受けたときのこと、私の事業のこれまでの成功には、運も一役買っていると思うかと聞かれました。悪い質問ではありません。確かに、これまでの間、いろいろなことが計画どおりに進みました。ときには予想に反してうまくいきました。もちろん、計画どおりにいかないことだってありました。ただ、そういったことは、実際の道のりの表面的な部分にすぎません。うまくいったときも、いかなかったときも、陰で決定的な役割を果たしていたのは、「タイミング」と「準備」という２つの要素です。

ところで、幸運とは何かという点について、私の考えと合致している定義はこれです。

「幸運は、準備が機会に遭遇したところで起こるもの」

私たちのまわりには、「いつも運がいい人」や「いつも運が悪い人」がいるように見えますが、もしかしたら運のいくらかは、その人の行動次第ではないでしょうか？

2008年に全米がサブプライム住宅ローンの貸し倒れを引き金に金融危機に陥ったときのことを考えてみましょう。このとき、大勢の人が、月々の支払いが利息のみの住宅ローンを利用して、いくつもの不動産を所有していました。元金の返済が不可能なほど、無謀な借り方をしていたのです。けれども、同じ時期、将来に備えて貯蓄に励み、不動産投資熱を遠巻きに見ていた人たちもいました。彼らは、いわゆる「根拠なき熱狂」と呼ばれる状況に飛びつかないことを選択した人たちです。

□「タイミング」と「準備」という2つの要素

不動産市場が一夜で急落したかのような事態を受け、住宅価格が20〜30パーセントも下落したとき、無謀なローンを抱えていた人たちは、おそらく損失を「運」や「タイミング」のせいにしたでしょう。また、この人たちとは対照的に、投資熱に踊らされず、その間貯金して様子を見守っていた人たちも、自分たちの選択が結果的に有利に働き、「運が良かった」とか「タイミングに救われた」と思ったかもしれません。しかし、両者の明暗を分けたものは、不動産大暴落という事態が起こる以前に存在していたのです。

幸運を「準備と機会の遭遇」と捉える考え方をこの話に当てはめてみると、なぜ人はある状況を「運が悪い」または「運がいい」とみなすのかわかります。今起こっている、現状だけを見て言っているからなのです。

確かに、ときには、単純に運が良かったり悪かったりすることはあります。たまたこま100ドル札が地面に落ちているのを見つけるとか、矢が的の真ん中に当たることとはあるでしょう。けれども、もしすべての出来事を運不運で片づけて、自分の決断や行動を顧みないと、結局は自分の損になります。そして、失敗から学ぶことがないばかりか、逆に、うまくいったときも、どうしてなのか自分でもわからない、ということになってしまいます。

私がインタビューで受けた質問に話を戻すと、実際、私の事業がさまざまな状況で幸運に恵まれたことは確かです。しかし同時に、機会が到来した折にはそれをつかめるポジションにいられるように、作戦を練ってもいたのです。

私たちはもっと自分の力で、幸運を生み出せるはずです。

19 ワールドクラスの努力
――小さなことにこそベストを尽くす

「あなたが何をする人であれ、名人になりなさい」（訳注14）
■ウィリアム・メイクピース・サッカレー（イギリスの小説家）

アン・ミウラ゠コーは、移民の2世としてアメリカで育ちました。彼女の両親は、それまでにアメリカ合衆国に移住した何千万人もの人々と同じように、より良い暮らしや、教育や仕事のより広い選択肢を求めてアメリカ合衆国に渡りました。ミウラ゠コーの両親は、子どもたちにも高いゴールを掲げさせました。彼女のお父さんはNASAのロケット科学者で、常に最高水準を目指すことを重んじる人でした。

ミウラ゠コーがお父さんに繰り返し言い聞かせられ、たたき込まれた基本原則の1

つは、何をするにしても、どんなに小さなことでも、世界一流（ワールドクラス）の水準で取り組むことの大切さです。彼女は幼い頃からいつも、やることほとんどすべてについて、お父さんから「お前のベストを尽くしたか」と聞かれました。

内気だったミウラ＝コーは、極度の人見知りを克服し、高校では優秀なディベート選手になりました。その後はイェール大学に進学し、在学中、奨学制度の一環として、工学部長のオフィスで事務アシスタントのアルバイトをする機会を得ます。

アルバイトの初日、たまたま両親に電話すると、お父さんが、またいつものように、「どうすればワールドクラスの仕事ができるか」考えてみるように言いました。ミウラ＝コーが、単にコピーをとったりファイルしたりするだけだと説明すると、お父さんは「もう一度よく考えてごらん」と言ったのです。

回 責任感のある仕事ぶりがチャンスを招く

父親の言葉を謙虚に受け入れ、ミウラ＝コーは事務作業に対する考え方をあらためることにしました。コピーは原本と見分けがつかないほどきれいにとるよう細心の注意を払い、ファイルのラベルは手書きでなく、ラベルプリンターで作ることにしました。また、ドーナツを買ってくるように頼まれれば、できたてのものを選ぶなど、気を配りました。

彼女が目標として掲げたのは、**自分に任されたすべての仕事が職場の人に「嬉しい瞬間」をもたらす**ことでした。

事務のアルバイトを始めて3年ほどたった頃のある日、オフィスから顔を出した学部長に、「友人のルイスが工学部キャンパスを見学する案内をしてくれないか」と呼び止められました。

ミウラ＝コーは立派に案内役を務め、正体不明の紳士とも話がはずみました。そして案内を終え、「よければ、春休みにカリフォルニアの私の会社を案内してあげよう」と言われてようやく、その「ルイス」という紳士がヒューレット・パッカード社のCEO、通称「ルー」・プラットだと知ったのです。

ミウラ＝コーはこのチャンスに飛びつき、ヒューレット・パッカード社を訪問して多くのことを学びました。新学期にキャンパスに戻るとルイスから2枚の写真が届き、1枚は彼女がソファに座ってルイスと話をしているところを撮ったものでした。もう1枚には、同じ頃に同社を訪ねたビル・ゲイツが、彼女が座ったのとまったく同じ場所に座って写っていました。その2枚の写真の画像が脳裏に焼きつき、その後、彼女のキャリア形成はプラットの影響を大きく受けることになります。

アン・ミウラ＝コーは、今や全米屈指の、信望の厚いベンチャーキャピタリストです。そして、ベンチャーキャピタル業界で、女性の活躍を妨げている壁を切り崩すことに大きく貢献しています。『フォーブス』誌は彼女を「スタートアップ界で最も影響力のある女性」と評価しました。

彼女がお父さんに繰り返し言い聞かされた教訓は、実践するのがとても難しいことですが、とても大事なところを突いています。何をするのでも世界一流の水準を目指すということは、言い換えれば、たとえそのときは取るに足らないように思えても、**自分の置かれた状況に責任ある態度で臨む選択をする**、ということなのです。

ときには単純に「運」や「ツキ」に恵まれることもあるでしょうか？　もちろん、あるでしょう。でも、コピーとり、ラベル貼り、できたてのドーナツ選び、そして責任感を持ってそういったタスクに取り組むことが、1人のワールドクラスの投資家のキャリア開花につながったのなら、あなた自身の毎日の生活にも、もう少し質を上げられる部分がないでしょうか？

20

「やめることリスト」を作る
——時間の投資先を考える

「新しいことを始めたかったら、古いことをやめなさい」

■ピーター・F・ドラッカー
（「マネジメントの父」と称されるアメリカの経営学者。オーストリア出身）

新年のはじめに、その年の目標を立てたり、1年間にやることのリストを作ったりする人は多いと思います。それも大事ですが、今年は、もう1つ試してほしいことがあります。実践すれば、目標達成に拍車がかかるはずです。それは、「やめることリスト」を作ることです。

並外れた成功を収めた人や企業は、成功するために何をやるべきか、そして何をやめるべきか、その見極め方を心得ています。

今年、新たに導入したいことがあるなら、そのぶん、古いものを切り捨てる必要があります。特に、「忙しい」を口実に、やらなければいけないことをやらない癖などです。

企業にも個人にも共通する、今年やめるべきことを見極める3つの判断基準を紹介しましょう。

・時間のムダになること

日常的に行っている事務作業や家事、余暇活動などを、一つひとつ検討してみてください。やっていて自分が消耗してしまうものや煩雑な作業は、取り除いていいでしょう。そのためには、例えば買い物の配達を頼むとか、携帯電話からFacebookを削除するなどの工夫も必要になります。私の場合、公共料金の支払い手続きを9割方請け負ってくれるサービスを見つけました。あなたの時間の行方について自分に正直に吟味し、時間と労力を、有意義な活動やゴール達成につながることにもっと使ってください。

・コミットメント

「コミットメント」は、責任の重さや求められる真剣さのレベルが、「タスク」より一段上がります。ですから、何かにコミットすれば、継続的にそこに時間を投資することになります。コミットするものの例としては、自分から手を上げて参加した委員会とか、何かの勉強のための講座とか、定期的な会合などがあるでしょう。いずれにせよ、中には、もはやあなたに有用性のない活動もあるかもしれません。それをやめることで、気分を一新して時間やエネルギーやお金を別のことに向けられます。私など、朝のルーティンが毎日の生活にもたらすかけがえのない効果に気づいてから、朝食ミーティングに出席するのはきっぱりやめました。

・周囲の人たち

起業家であり作家のジム・ローンの言葉を借りると、「あなたが最も多くの時間を共に過ごす5人の平均値があなた」なのです。これ以上説得力のある表現は思いつきません。価値観や進みたい方向があなたと噛み合わない人や人間関係から離れることは、あなたの人生であなた自身がコントロールできる重要な側面の1つです。誰かと一緒に時間を過ごしたあとで気が滅入るなら、おそらくその人は、あなたのエネルギーを奪う「エナジーバンパイア」でしょう（194ページ参照）。心苦しいとは思いますが、たとえその相手が親族だとしても、そろそろ距離を置いてもいい頃ではないでしょうか。決して、絶交するとかそういう意味ではありません。何かと世話を焼いたり、気にかけたりして貴重な時間とエネルギーを注ぐのをやめればいいのです。

では、今週は、目標を立てたり「やることリスト」を作ったりする際、**あなた自身の生活や仕事で成果を上げるために今年は何をやめるべきか**、少し考えてみる時間を設けてください。

21

要《キーストーン・ハビット》となる習慣を見つける
——毎日を根本から変える

「変えられると信じて——習慣にしてしまえば——根本から変わる」（訳注15）
■チャールズ・デュヒッグ（アメリカのジャーナリスト）

「フライデー・フォワード」の記事についてフィードバックや提案をたくさんもらいますが、いちばんよく言われるのがこれです「毎週書くのは大変じゃないですか」。

この質問への答えには2つの側面があります。

1つめは、記事を書くのは私の楽しみで、しかも私のコア・パーパスに即している、ということです（自己成長に役立つコンセプトをまわりの人や企業とシェアすることが私のコア・パーパスです）。

2つめは、記事を書くのが習慣になったということです。

私が強く影響を受けた本の1冊が、チャールズ・デュヒッグの『習慣の力』なのですが、この本は、自分の行動パターンや習慣を変えて定着させる秘訣を新鮮な角度から示してくれます。例えば、新しい習慣を定着させるには約3週間かかるということ、ご存じでしたか？

デュヒッグが提唱する習慣改善のポイントの中でもいちばん重要なのは、私たちは「要となる習慣（キーストーン・ハビット）」を持っており、それを変えると、人生のさまざまな面で良い変化につながるというものです。

例えば、毎日の運動を続けることにコミットした人が、いつの間にかほかの活動も持続できるようになったりします。また、ダイエットの比較研究で、食事日記をつけることを課せられた被験者グループが、食事日記をつけなかったグループに比べて減量の程度がはるかに上回ったという報告もあります。この場合、ダイエットそのものよりも、日記をつけることのほうが効果的だったわけです。

ポール・オニールは、大手アルミニウムメーカー、アルコア社のCEOとして同社を立て直した業績で知られます。彼は、社内の全員に安全管理を徹底させることでそれを実現しました。社員たちが、彼の真摯なコミットメントと、継続的な努力がもたらす成果を目の当たりにしてから、会社のすべての面が上向きに変わったのです。

この話の教訓は、本当にゴールを達成したかったら、自分のキーストーン・ハビットを探し当て、まずそこから変えて粘り強く続ければ、やがて軌道に乗るということです。

22

「ハック」に勝るもの
――堅実な努力を見直そう

近年、「時短」や「○○ハック」といったものに関心が集まっているようです。ユーザーデータに合わせた商品開発で事業を急成長させる「グロースハック」、自分をブランド化して情報発信力を高める「ＳＮＳハック」、身体機能や知能を科学作用の力を借りて高める「バイオハッキング」なんていうものまであるのですね。どうやら、少ない努力で大きな成果を得る魔法の近道を探している人が多いようです。

先日、ベンチャーキャピタル「コラボレーティブ・ファンド」に共同出資するモーガン・ハウゼルが書いた、有用性のあるハックについての投稿を読みました。彼は、あるソーシャルメディアコンサルタントが主催した、ソーシャルメディアの効果的な活用法の講習会に出席したそうです。ところが、３時間にわたる講習の間、講師は投稿のタイミングやハッシュタッグの効力については解説したものの、いちばん肝心な要素である「良質なコンテンツの作り方」には一切触れなかったそうなのです。

ハウゼルが言いたいことはとてもよくわかります。良質な記事を書くには時間がかかります。加えて、クリエイティブな文章力、忍耐力、遂行力、原稿を注意深く推敲する力も求められます。実は記事を書くのは大変な仕事なのです。

それを念頭に置きつつ、ハウゼルは、彼自身が役立てている「ハック」を教えてくれています。ではここで、私がまったくそのとおりだとうなずいてしまう項目を挙げてみましょう。

・マーケティング・ハック：人々が必要とする良質な商品を作る。
・PRハック：ニュースにする価値のあることをやる。
・ライティング・ハック：毎日書く。何年も続ける。
・ラーニング・ハック：本を読む。終わったら次の本を読む。
・社風ハック：社員を信頼して良い報酬を与える。
・投資ハック：何十年かかけて複利効果を得る。

・お金が貯まるマネーハック：見栄を捨てて、質素に暮らす。
・キャリア・ハック：求められる以上の仕事をする。人には親切にする。
・整理整頓ハック：散らかしたら片づける。
・資金繰りハック：大勢の人が買いたくなる商品を作り、適正な価格を設定して売る。
・ユーザー数100万人にスケールアップハック：100万人に必要とされる商品を作る。
・大学費用節約ハック：住んでいる州内の公立大学に行く。卒業後は就職する。

要するに、生産性を上げて成果を出すには、近道を探すことばかり考えるのではなく、昔から実証済みの原則に従うほうが、時間とエネルギーを有効に使えるということなのです。私自身が気に入っている5つのルールも挙げておきます。

1 2対8の法則（パレートの法則）に従う：私たちが自分にインプットする知識や経験のわずか2割が、アウトプットの8割を作り出します。ということは、究極の「ハック」は、最大の結果を生む見込みのある活動や分野を見極めてそのインプットに時間をかけることです。そのほかのことはあなたの気を散らすものにすぎません。

2 緊急と重要を見分ける：目標志向の高い人たちが知っている生産性アップのコツは、緊急事項と重要事項の判別です。

3 根気よく努力を続ける：「ローマは一日にして成らず」と言われるとおり、やる価値のある物事を成し遂げるには、時間と継続的な努力が必要です。

4 「やめることリスト」を作成する：適切なことをもっと行うには、適切ではないことをやめる必要があります。

5 そして忘れてはならないのは、何かをやるなら本気でやること！

歴史は偉大な教師です。長い目で見れば、集中力、忍耐力、練習の積み重ね、最高水準を目指すコミットメントといった要素が「ハック」に勝る、ということを繰り返し証明してくれているのです。

23

「No」と言う勇気
――印象の良い断り方

「あなたが負っている責務は、できる範囲で最大限の貢献をすることです」
■グレッグ・マキューン（シリコンバレーのコンサルティング会社THIS Inc.のCEO）

私は、長いこと、仕事上の人間関係でうまく「No」と言えずに苦労しました。冷たい人だと思われないか、いやそれどころか、自分のほうが偉いと思っているような印象を与えてしまうのではないかと恐れていたのです。そんなとき、連続起業家ティモシー・フェリスのポッドキャスト、『ティム・フェリス・ショー』の「How to Say No（Noの言い方）」を聴き、彼がすすめる方法をいくつか試してみました。すると、「No」と言うほうが、無理して仕事を引き受けることもなくなり、気分も晴れて、生産性が上がることがわかったのです。私は次の3つのステップを実践して、「No」

と言うのが苦痛ではなくなりました。

・罪悪感を捨てる

誰かのリクエストを断るのに罪悪感を覚えるとき、たとえそれが2〜3分で済む用事でも、あるいは時間のかかるプロジェクトの手伝いや資金援助でも、あなたがすでにコミットしている、全力で取り組みたいことと天秤にかけてみるのがポイントです。

もし、両方ともやる余裕があって、どちらもあなたのゴールに沿っているなら、引き受けるのもいいでしょう。しかし逆に、それを引き受けてしまうと、すでにコミットしている大事なことへの時間や意識が分散してしまうなら、断るのが正解です。

・自分のコア・バリューを知る

私は、コア・バリューを持ってそれに則って生きることの大切さについて強調してきました。くどいようですが、今度誰かに何か頼まれたら、すぐに返事をせず、それを引き受けることがあなたのコア・バリューに合致するか、真剣に考えてみてください。時間は貴重ですし、限られています。コミットする物事を注意深く選び、それらが、あなたが究極のゴールに近づくためのステップなのかどうか確かめることを怠ってはいけません。いくらほかの人が一所懸命に取り組んでいることだからといって、あなたにとって大事でなければ、それはそれで構わないのです。

・断り方を考えておく

「No」と言うことに決めたら、それをどう伝えるかで大きな差が出ます。フェリスのポッドキャストでは、彼が以前、成功者へのインタビューを依頼した際にもらった断りの返事に見られた特徴を指摘しています。印象の良い断り方には、共通の要素がいくつかあることがわかります。

・依頼者に対する謝意を表す。
・目下、専念しなければならない先約がある事情を説明する。
・今回は助力できない旨をはっきり述べる。
・今回のような依頼すべてに対して同じように返答していることを補足する。

たくさんの依頼を受ける人は、返答用のテンプレートをいくつも用意してあるようです。講演依頼を断る際に使うテンプレート、ポッドキャスト出演を辞退するときのテンプレート、会議に出席できない旨を伝えるテンプレートなどなど。そこで、提案ですが、今後、新しい種類のリクエストをもらうたびに、少しだけ手間をかけて、あなたの返信をテンプレートにして保存してはどうでしょうか。そうすれば、次回似たような依頼を受けたときに、誠意のある丁寧な断りの返事を書くのがずっと楽になると思います。

罪悪感を覚えずに、自分が「ここまで」と決めた範囲を守る習慣を身につけることは、実はとても有益なのです。何かに「Ｎｏ」と言うことが、結果的には、あなたがフルに貢献したい別の件に「Ｙｅｓ」と言うチャンスにつながるかもしれないのですから。

24

「忙しい」というナンセンス
── 時間を有効に使う

「物事の代価とは、それと引き換えに、自分の人生のどれだけを、直ちにあるいは長い間に、支払わなければならないか、ということだ」（訳注16）

■ヘンリー・デイヴィッド・ソロー（アメリカの作家、思想家、詩人、博物学者）

誰かに元気かと聞かれ、何気なしに返す、決まり文句になってしまった言葉。「調子はどう？」「順調！　忙しいけど」

このようなやり取りは仕事でもプライベートでもよく交わされると思います。まるで、忙しいことがステータスシンボルであるかのようです。けれども、忙しくしていれば充足感が得られるわけでも、生産性が上がるわけでもありません。単に、貴重な時間をスケジュールで埋めているだけです。

何年も前になりますが、私の会社のミーティングで、経営チームのメンバーの１人が、「とにかく時間がないんです！」とファシリテーターに向かって言ったことがあります。

そのとき、ファシリテーターは彼女のほうを見てから私たち全員に向き直って言いました。「リーダーとして、『時間がない』という言い訳は、皆さんの辞書から削除してください。もし皆さんが、自由自在に使える時間が訪れるのを待っているのだとしたら、はっきり言ってそんな時間は来ません。要は、何を優先するか、時間をどう使うか、ということです。有能なリーダーは、優先順位のつけ方と、何がいちばん重要かということを把握しているものです」

この人の言葉がずっと耳に残っています。誰かに「最近どう？」と聞かれると、今でも「いやあ、忙しくて」という言葉が口をついて出そうになることがありますが、言わないように意識しています。そして、社員にも、同じように注意を促しています。

あなたも、自由に使える時間がもっとあればなあ、なんて夢見ているより、さまざまな分野のトップレベルの人たちが、どうやって先を見据え、集中力を持続させ、大きなゴールを達成しているのか考えてみませんか。

□トップレベルで活躍する人の共通点

・時間は貴重で限られた資源であることを受け入れている。
・緊急なことと重要なことを判別できる。
・自分のコア・パーパスやコア・バリューに則して優先順位を決めている。
・すべての時間を予定で埋めたりしない。休養やリラックスすることの大切さを心得ている。
・やめるべきことはないか、常に自分の生活をチェックしている。

・エネルギーを費やす相手を厳選している。

重要なタスクが一向にはかどらないときは、実はあまり重要ではないほかのことに時間を費やしている事実を認めて自省するのが鍵です（例えば、フェイスブックやインスタグラムの投稿をしていたとか）。「だって時間が足りなかったから」と言うのではなく、「○○をせずに××をすることを選んだ」「ほかのことに気を取られている」「どうでもいいことにこだわっている」と言ってください。

このように正直に自分の非を認めることによって、時間を有効に使う習慣が身につき、もっと多くをやり遂げられるようになり、そんなに「忙しく」なくなるでしょう。

25

ゴールと基準
――妥協してはならないものは何か

「自分自身にこれでもかというほど高い基準を課して、毎日、基準を満たすよう自分を追い込むから、毎日が競争になる」

■マイケル・ジョーダン
（アメリカの元バスケットボール選手。主にシカゴ・ブルズで活躍。2003年に引退）

ゴールは、達成したいと思って目指すもの。基準は、妥協してはならない不動のもの。

これが、エリック・カピチュリックがあるCEOのグループに向けて話をしたときのメインメッセージです。エリックは、米軍の訓練にルーツを持つ、革新的なリーダーシップトレーニングを提供する企業、ザ・プログラムの創始者です。彼が率いるインストラクターチームは、一流レベルで活躍する大学スポーツチームや企業と組んでトレーニングを実施しています。

エリックの言葉は、私が長年、キャリア上でもプライベートでも、今ひとつ腑に落ちなかった点に、明快な答えを示してくれました。彼はこう説明します。ゴールを達成できなければ、気を取り直して再度挑戦する。しかし、自分で決めた基準を満たせなければ、そのときは代償を払うか、説明責任を果たさなければいけない。

ビジネスの世界でも、ゴールと基準の両方が必要です。ゴールがあるから、組織全体も、メンバー各自も、目的を持って前進できます。ゴールを達成できなかったからといって、社員を解雇する理由にはならない、というエリックの指摘と、私も同意見です。もちろん、その社員が恒常的にゴールを達成できないなら、その原因を探る必要はあります。

一方、どの組織も、妥協を許さない基準や指針を持っていなければいけません。その基準が守られないことが度重なれば、責任を問われ、相応の対応もなされるべきです。そうしないと、基準は形だけになり、会社の信用も失われます。基準は、「常に」

と「決して」という言葉を用いて表現するとわかりやすいと思います。例えば、ある組織が次のような基準を定めているとします。「私たちは、常に、お客様からのお問い合わせには24時間以内に返答し、対応が不可能とわかっていることは、決してお約束しません」。これなら、社員に求められている基準は明瞭です。

☐ゴールと基準の両方が必要

家族の間でも同じです。皆さんも家族でいろいろなゴールを設定したことはあると思いますが、家族には基準も必要です。互いに対してどう振る舞うか、また、家族の一員としての最低限の役割に加え、それぞれどんな形で家族に貢献したらいいか、など。さらに、親は、基準が守られない場合の罰則を設定することをためらってはいけません。基準を設けるのには理由があるわけですから、守られなければ相応の結果がある、ということをはっきり示すことが大切です。

例えば、子どもが門限を過ぎて帰宅した場合、罰が待っていることを、子ども自身が承知していなければなりません。そうでないと門限を決めても意味がないのです。

親であるあなた自身が、基準を守らず、かつ一貫性を欠くことになります。

そして、あなたが本気で自分の人格を高めたいのなら、自分にも基準を持ちましょう。以前、ある連続起業家から聞いた話ですが、彼のフィットネスコーチは毎朝電話をかけてきて、前日約束したエクササイズをちゃんとやったか聞くのだそうです。そして、約束どおりにやっていなければ、あらかじめ決めておいた罰則に従うことになっていました。その日はお酒を飲んではいけないとか、甘いものを食べてはいけないとか。もっと深刻なレベルでは、自分に課した基準を守れないと、あなたの品性や人柄が疑われることにつながります。

それでは今週は、あなたの職場のチーム、家族、そして自分自身に課したい基準について少し掘り下げて考えてみてください。あなたの基準の高さは、あなたが段違いに優れた仕事や行動ができるか否かに大きく関わってきます。

26

毎日の選択と決断
――いつでも「良い行動」を選ぶ

「あなたが何かをするときの取り組み方は、ほかのすべてのことに通じる。どんなに小さなことでも、日々の物事にどのように対処するかが、あなたの「人柄」や「性質」なのだ」

■デレク・シヴァーズ（アメリカの起業家、ミュージシャン、プログラマー）

あるとき、「フライデー・フォワード」の読者の1人、ダニエル・グロスが、自宅のガスヒーターが古くなってきたので、ガス会社が提供する、年1回の安全点検サービス付きプランを利用することにしたそうです。そのガス会社は、点検サービスを別会社に委託しており、その下請け会社がまた、実際の点検作業を地元の冷暖房機器メンテナンスの業者に委託していました。

さて、年1回の点検にあたった作業員は、ヒーターのガス栓からわずかな漏れがあるのでバルブを交換する必要があると判断し、修理が済むまでヒーターを使わないようにダニエルに告げました。ちょうど気温が下がり始めた季節でしたが、5日間暖房なしで過ごし、その間、何度も業者に電話して、やっとのことでバルブ交換に来てもらう日にちを決めました（ちなみに費用は約400ドル）。

当日、作業員が新しいバルブを持ってきましたが、型が合わないため、取り付けできませんでした。作業員は何の作業もせずに帰りましたが、帰り際にトイレを借り、使用後、なんと流さずに立ち去ったそうです。

このあとさらに2日間、暖房のないまま過ごし、同じ業者に何度も電話で交渉した結果、ヒーターの機種が古いので修理不能だとそっけなく言われ、それればかりか、点検サービスも無効にされてしまいました。

▣毎日の選択が評価につながる

この時点でダニエルは業を煮やして、地元でガス・水道設備工事の個人営業を行っているジェイソン・グリーンに相談したところ、ダニエルのヒーターに合うバルブの在庫があるので明日修理に行きます、という返事をくれました。そして、すでに仕事の予定がぎっしり入っていたにもかかわらず、翌朝やってきて（土曜日だったのでおそらく休みの日だったのでしょう）、無事ヒーターを稼働させ、作業のあと、きちんと片づけて帰っていきました。

ジェイソンが作業にあたっている間、ダニエルが家の外に出ると、ジェイソンのトラックが目にとまりました。車体がピカピカによく手入れされていたばかりでなく、ドアの内側に、この有名な格言が書いてあったのです。

「繰り返される行いが人を作る。ゆえに優良とは1つの行いのことではなく、習慣である」（訳注17）

優良であることを行いの成果だと考えている人は多いと思います。しかし、現実には、私たちが日々行う無数の決断と、個々の状況にどのように対応するかの選択の産物が「優良」なのです。

多くの企業は、自分たちの商品やサービスがどんなに優れているかを潜在顧客にアピールするため、性急に多額の資金をマーケティングに投じます。本当は、日頃から優良な実績を通してそれを実証しているべきなのですが。**私たちが優良を追求することを選択すれば、周囲はそれに気づくものです。**

第3章

身体のキャパシティを広げる

——心と身体の健康に気を配ろう

睡眠やストレスに目を向けよう

身体のキャパシティの役目は、私たちの心と身体の健康や、運動能力を向上させることです。そう言うと、食生活や運動量の話かと思うかもしれませんが、それだけではありません。このキャパシティを広げるには、睡眠やストレス、活力レベルなど、ふだんあまり意識せずにいる面の改善にも、積極的に取り組むことが大切です。

身体のキャパシティは、とても重要な要素でありながら、ともすると看過されがちです。健康の大切さは誰もが認識してはいますが、お医者さんから悪い知らせをもらうまで、自分の身体に気を使わない人は多いと思います。しかし、健康は、いったんそこまで損なわれると、元どおりにはなりません。時間を巻き戻せるものなら生活習慣を変えるのに、と悔やんでもあとの祭りです。

私はこの気持ちが身にしみてわかります。というのも、2009年のこと、早朝から深夜まで働き詰めだった私は、ある日、重度のパニック障害を起こしてしまったのです。そのときは心臓発作だと思い込み、これで自分も息絶えるのかと本気で思いました。救急車を呼んだあと、自宅のキッチンの床に崩れるように倒れ、救急隊員に搬送されました。

そして、丸2日間いろいろと検査を受けた結果、どうやら自分は難を逃れたらしいとわかりました。どこにも異常はなかったのです。心臓発作と思った症状は、過度のストレスと、マグネシウム不足が原因でした。

しかし、健康体だとわかったものの、あのとき、自分は今死ぬのだと確信した経験をして、これからずっと健康でいられる保証はないということがはっきりしました。この体験のおかげで食事に気を使うようになり、ヨガを再開し、生まれて初めてランニングもやってみることにしました。

私と同じように、「幸い大事には至らなかったが、怖い思いをした」という話をよく聞きます。一方、私たちのように教訓で終わらず、本当に深刻な事態になってしまった人も、少なからずいるのです。

考えてみれば、仕事やプライベート面で成功するための鍵を握っているのは、私たちの頭脳なわけですが、そうしたゴールを達成するための行動を請け負っているのは、**私たちの身体**です。この章には、身体の健康と認知能力がなぜ密接な相互関係にあるのかを掘り下げるエピソードを集めました。きっと、あなた自身の心と身体の健康を、あらためて見直すきっかけになると思います。

トピックの一部を先取りすると、例えば、がんを2度も克服し、肺が1つしかないにもかかわらず、地上で最も高い山々に登ったショーン・スワーナーのエピソード。また、トップレベルのスポーツ選手は、競技中に王座を勝ち取るのではなく、実はその座は練習中に決まっているのだということ。そして、他者との競争は価値ある経験であって、決してネガティブなものではないということ。私たちの誰もが、身体のキャパシティを広げ、自分の思い込みという限界を押し破れば、人生のすべての側面を向上させられるということ。

私たちは、健康を当たり前だと思ってはならない、と肝に銘じなければいけません。たとえどこも悪くなさそうなときでも、です。考えてもみてください。スタミナ不足では、何かをやり通して良い結果を出すことは難しくなります。
人生を旅する車は1台しかないのですから、よく手入れをして大切に扱ってください。

27

「土壇場に強い」の理由
――本番に向けた準備が大切

「チームのリーダーに、休日はない」

■トム・ブレイディ（アメリカンフットボール選手）

2018年の平昌《ピョンチャン》冬季オリンピックでは、世界のトップアスリートたちが崖っぷちから盛り返す場面を何度も見ました。例を挙げれば、スノーボード男子ハーフパイプで金メダルを獲得したショーン・ホワイト。それから、アルペンスキーとスノーボードの2競技で金メダリストとなった、エステル・レデツカ。彼女は同一オリンピックの異なる競技で金メダルを手にした、最初の女性アスリートです。ほかにも何人もの優れたアスリートが、オリンピックという世界最大のスポーツの祭典で、あっと言わせるパフォーマンスを見せ、観衆の期待に応えました。

彼らの競技を見て、土壇場に強いというのは、本当はどういうことなのだろう、と考えさせられました。プレッシャーのかかる場面で劇的にパフォーマンスレベルが上がったり、試合の終盤で見事なプレーをして、チームを大逆転勝利に導いたりするというのは、スポーツの話題によく登場するテーマです。

もちろん、重圧に負けない、目の前の状況に圧倒されない、精神力の強さという要素はあるでしょう。しかし、私は、勝敗の瀬戸際で発揮される底力の大部分は、競技や試合のずっと前から、舞台裏で培われるのだと信じています。つまり、来る日も来る日も練習を重ね、メンタル面を鍛え、まさに血と汗と涙を流し、力を出し尽くし、切磋琢磨することが大きくものをいうのではないかと。

「短期間で成功する」という考え方が誤りであるのと同じように、優れたパフォーマンスを「あの人は土壇場に強い」の一言で片づけてしまうと、彼らの成功の理由を、得体の知れない力のおかげだと言うことになります。私は、この考え方を「認知的不協和」（訳注18）の一種と捉えています。つまり、そう考えれば、自分は、高レベルの結果を出すために必要な努力をしないで済むわけです。実は、日々の練習と努力の積み重ねこそが、プレッシャーのかかる状況で決め手となるのですが。

土壇場で底力を出すには、実は、その場の集中力よりも、表舞台に出る前の準備のほうが大きく物を言うのです。

2008年の北京夏季オリンピックでは、200メートルバタフライのレース中、マイケル・フェルプスがゴーグルの浸水というトラブルに遭いながらも、金メダルを獲得しています。彼は、日頃からレースの全行程をイメージトレーニングして、あらかじめストローク数も数えていました。だから視界を遮られても、自分が今どこにいてどこを目指しているのか、わかっていたのです。これは土壇場の底力でしょうか、準備の賜物でしょうか？

誰もが、窮地で力を発揮することはできるはずです。準備さえすればいいのです。特に、リーダーたる者は、準備段階のトレーニングを、一般に必要とされるレベルよりも厳しく、ハードなものにすることを恐れてはいけません。

28

人生、山あり谷あり
――困難を乗り越え希望につなげる

「豊かになりたいですか？　お金で買えるものすべてを取り除いて、そこに残ったものに目を向けてください」（訳注19）

■ショーン・スワーナー（探検家、がんサバイバー）

13歳のときのショーン・スワーナーは、屈託のない普通の中学2年生でした。ある日、野球の試合中に膝がグキッと音を立て、翌日には関節が腫れました。その数日後、彼はホジキンリンパ腫のステージⅣとの診断を受け、余命3カ月と告知されました。

すぐに化学療法による治療が始まり、華奢だった体は、多種ステロイドの副作用で30キロ近く増量します。同級生たちが、流行のスニーカーや、学校で人気の生徒の話題など、些細なことに夢中になっているときに、彼は生きることに全身全霊を傾けていたのです。水泳の特訓で学んだイメージトレーニングを応用して、ミクロサイズの宇宙船が自分の体内を飛び回って抗がん剤を発射し、がん細胞をやっつけている光景を想像したりしました。

1年後、スワーナーはがんを克服し、「寛解」の状態まで回復します。そこで、再び年頃の少年らしい毎日に戻ってスポーツに励み、競泳の訓練も再開しました。

ところが、寛解状態を維持して20カ月ほどたった頃の定期検査で、今度はアスキン腫瘍という、前のがんとはまったく無関係のがんが見つかったのです。

スワーナーは、ホジキンリンパ腫とアスキン腫瘍の重複がんを患った、世界で初めてのケースとなったばかりか、当時、アスキン腫瘍の生存率はとても低く、彼が生きる可能性はわずか6パーセントだったのです。そして、余命2週間の宣告でしたが、可能な限り命を延ばす目的で治療を再開しました。けれども、化学療法による治療のたびに麻酔で昏睡状態に置かれ、さらに、放射線治療によるダメージで片方の肺の機能を失いました。

しかし、スワーナーは奇跡的に再びがんを克服します。とはいえ、16歳の思い出など1つもなく、回復後は失われた少年時代を取り戻したくて、大学では楽しく過ごすことに専念し、将来はがん患者をサポートする仕事に就こうと、心理学を専攻して大学院に進みました。

回世界のてっぺんから届ける希望のメッセージ

そんなある日、多くの人にインパクトを与えるには、世界のてっぺんから希望のメッセージを届けるしかないと決心します。そう、エベレストです。

スワーナーは、肺1つで呼吸しながら登山し、エベレストの頂上を極めた世界最初のがんサバイバーとなりました。実は、同行のチームが山頂を目指した日、スワーナーは体調の悪化により、キャンプに残ることを余儀なくされたのですが、悪天候でチームは登頂を断念しました。そして、奇遇にも、スワーナーの体調が回復した日には好天に恵まれ、彼はエベレスト初登山で登頂を果たしたのです。

このあとスワーナーは、「探検家のグランドスラム」と呼ばれる、七大陸の最高峰の制覇および、南極点と北極点へのトレッキングにも挑み、これもがんサバイバーとして世界初の達成者となります。

意外なことに、スワーナーは、自分はラッキーだと言います。膝の故障ががんの発見につながり、結果的に2度も一命をとりとめ、さらにエベレスト登山の際は、体調が悪化したために晴天の日に登頂できた、と。彼は、死の怖さではなく、生きることに意識を集中させて、人間の精神の力を証明してみせました。だから、彼のメッセージは私たちの心に強く迫るのです。

29

汗水流して——ゴールまでの道のりは4つに区切る

「絶景は、最もきつい登りのあとにある」

■作者不詳

2016年、私はカナダの起業家デュオ、ブライアン・スクダモアとキャム・ヘロルドに刺激を受けて、私の会社が翌年はどんな会社であってほしいかという展望を、「ビビッド・ビジョン」として書き表しました。

そして、2019年の夏、ちょうど次のビビッド・ビジョンを練っていた時期に、バンクーバーにあるグラウスマウンテンの登山コース、「グラウス・グラインド」を登る機会がありました。スタート地点と山頂の高低差は853メートル。「マザー・

ネイチャーズ（大自然の）ステアマスター」の愛称でも呼ばれ、精神的、肉体的な耐久力を試される登山コースです。

グラウス・グラインドを登って、このコースは、私たちが人生で直面するさまざまな困難とよく似ているということがわかりました。行程の4分の1区間ごとに、私の会社のビビッド・ビジョンの一つひとつのステップを彷彿とさせる要素があったのです。

・最初の4分の1

ふもとから登り始めたとき、私たち一行は気力にあふれていました。目の前にはだかる険しい道のりの過酷さが、まだわかっていなかったのです。そのせいで、私たちの登るペースは、出だしとしては速すぎたのだと思います。あとで考えると、長く厳しい道のりを前にしたときは、ペース配分を考えて、エネルギーをセーブしておくほうが賢明でした。

・中間地点

挑戦の対象が何であっても言えることですが、中間地点は、それまでの進み具合を顧みたり、自分のコンディションや、水などの蓄えの量をチェックしたりするのに格好の機会です。また、それまでの行程でわかったことを考慮しつつ、残り半分を登りきるために気持ちをリセットする機会にもなります。

・残り4分の1

グラウスマウンテン登山と、私たちの翌年のビビッド・ビジョン達成への道に共通しているのが、最後の4分の1が全体の中で最も厳しい区間だということです。グラウス・グラインドの登山コースは、この部分がいちばん急勾配でした。しかもちょうど疲れが出てくる頃で、私は、とにかく一歩、また一歩と登ることに気を取られ、実はすでに行程の4分の3まで来ているのだ、ということを意識していませんでした。これと同じことが、ビジネスにおいても起こります。特に、高いゴールを目指している場合はそうです。

・頂上

レースの終盤やフィニッシュラインが視界に入った途端、いきなり元気が湧き出てくることがあります。私もへとへとでしたが、頂上が目に入るや、思わず駆け出していました。ゴールに到達したいという思いが、身体の疲れに勝ったのです。

ここで気づいたのが、困難なプロジェクトに取り組む過程で最も注意しなければいけない部分は、フィニッシュラインまでの最後の4分の1区間、つまり、精神的、肉体的に疲労し、まだ頂上が見えてこない段階にいるときだということです。

険しい山道と、大きなゴールを目指す道に共通する、私からのアドバイスはこれです。

最初は、自分の感覚でちょうどいいと思うペースよりゆっくりスタートすること。

そして、中間地点で、それまでの成果を顧み、取り組み方を調整する。残り4分の1に差しかかったら、しっかり前を向いて進む。**特に大事なのは、フィニッシュラインを視野に入れて進むことです。**

30

壁を越える
——あきらめない強さ

「かつての僕は、歩行用矯正具を着けた子どもだった。片方の足をもう一方の足の前に踏み出すのでさえ、やっとだった！　だけど今日、僕はナイキ・ランニングと契約を結んだ！」（訳注20）

■ジャスティン・ガレゴス

壁は、越えるべきものです。たとえ破るのが不可能に見えても。ランニングの世界ほど、見事にこれを実証するものはないでしょう。ランニングで最初の壁を破ったのは、ロジャー・バニスター、１９５４年5月6日のことです。この日、バニスターは、それまで一般に不可能だと考えられていた1マイル４分台の壁をうち破って、３分59・４秒を記録するという離れ業をやってのけました。

すると面白いことに、それに続く数年間に、何人ものランナーが次々に4分の壁を破りました。もちろん、トレーニングやコーチング方法の改善、ランニングシューズの進化も手伝ったとは思いますが、心理的な面も大きく寄与しました。つまり、ランナーたちが、4分を切るのは不可能ではないと知ったからなのです。今日では、高校生のトップランナーがこの記録を出しても、驚くことではありません。

オレゴン大学のランナー、ジャスティン・ガレゴスは、2018年にハーフマラソンを2時間以内に走破するという目標を達成し、その壁を破りました。オレゴン大学は、ナイキの創業者であるフィル・ナイトの出身校であり、多くのトップランナーを育成しています。しかし、ハーフマラソンで2時間というのはトップレベルのタイムではありません。何かわけがあるのでしょうか?

ジャスティン・ガレゴスは、脳性まひを持つランナーです。彼にとって、走ることは、喜びであると同時に、肉体的な苦行でもあるのです。

脳性まひを持つ最初のプロアスリート

ジャスティンは、幼少時は歩行器を使い、理学療法によって歩き方を矯正したと『カナディアン・ランニング・マガジン』は伝えています。やがて、高校で長距離走の競技に出場するようになり、ナイキ社に注目されました。そして、ナイキによる、障害を持つランナー向けのシューズの開発に、協力することになります。

ジャスティンは、脳性まひを持つプロのアスリートとして初めてナイキと契約し、その名をスポーツ史に刻みました。ナイキは、ジャスティンの練習風景をビデオに撮るため撮影スタッフを派遣し、その場で契約をオファーして彼をびっくりさせました。てっきり「世界脳性まひの日」のプロモーションビデオの制作だと思っていたジャスティンの感激の涙は、ビデオを観る人の涙をも誘います。

ハーフマラソンを2時間以内に完走すると決めたジャスティンの勇気と意志の強さは、アスリートばかりでなく、私たち人間一人ひとりに、さまざまなことを教えてくれます。私はと言えば、来年の夏までにハーフマラソンに初挑戦しようと決心しました。

31

人格コーチング ―― 結果や成績ではなく人格を見る

「現代の社会では、自分の存在を他人に知らせる方法、他人に高く評価される方法、また成功のために必要な技術を身につける方法は教えてもらえる。だが、謙虚であれ、人を思いやれ、ごまかさずに自分と正面から向き合え、などと言われることは少ない。真の人格者になるために必要なことは奨励されないのだ」

■デイヴィッド・ブルックス（コラムニスト、著作家、政治・文化のコメンテーター）

私は、昨今の少年少女スポーツに対しては、複雑な思いを抱いています。子どもたちがスポーツをすることには、大賛成です。運動が身体に良いだけでなく、チームワークや地道な努力、練習や競い合うことの大切さを学ぶ機会になります。また、初めてのことに挑戦する不安や苦しさも体験できます。

私が問題にしているのは、親たちです。もちろん、熱心にわが子を応援しているうちはよかったのです。私見ですが、今やそれをはるかに通り越して、子どものスポーツの結果や成績ばかりにこだわる親が、あまりにも多すぎます。親のこのような態度は、子どもが失敗を恐れるように仕向けているとしか思えません。

いつ頃からか、子どもがスポーツで出す結果を物差しに、子育ての成功度を測る習慣が定着してしまったようです。スポーツマンシップに則ってチームプレーができる選手をほめる慣習は、いったいどこへ行ってしまったのでしょうか？

誤解のないようにつけ加えますが、私は、親が子どものスポーツのコーチングに時間や労力を割くのが悪いと言っているのでは、決してありません。そうではなくて、スポーツ熱心な親たちが、人格のコーチングにも、それと同じくらいかそれ以上に熱心になればいいのに、と思うのです。

全米大学スポーツ協会（ＮＣＡＡ）のデータによると、高校で運動部に所属していた生徒の約5パーセントが、大学でもスポーツを続けるそうです。そのうち1パーセント以下の学生が、プロのスポーツ選手になります。ということは、子どもたちの99

パーセントは、大学を卒業するまでに、競技としてのスポーツをやめてしまうということになります。その一方で、子どもたちの、

・100パーセントが、大人になったとき、何らかのチームの一員として仕事をすることになる。
・100パーセントが、いずれ大きな落胆を経験することになるが、打ちのめされたり、取り乱したりせずに乗り越えなければならない。
・100パーセントが、自分と意見が合わない人、気が合わない人と一緒に働くことを学ばなければならない。
・100パーセントが、心の広さと思いやりで、まわりの人の力になれる度量を秘めている。
・100パーセントが、自分の未熟さに気づかされたり、謙虚な姿勢を示さなければ

ばならない場面を経験したりする。

・100パーセントが、同級生や同僚、友人との人間関係で難しい状況を経験することになる。

子どもたちが、スポーツでも日常生活でも良い結果を出すためには、今挙げたような、避けて通れない状況に備えることに重きを置いたコーチングを受けることが大切です。あなたが親、あるいはコーチ、教育者で、あなたの子どもや、あなたの指導下の若い人が大成することを本当に望むなら、目先の結果ではなく、人格教育を重視するようおすすめします。

スポーツの試合でのわが子の活躍ぶりをほめてもらうのはもちろん嬉しいことですが、親としては、誰かがお世辞でなく、うちの子どもを「しっかりしたお子さんだ」と言ってくれたとき、あるいは、子どもが見事なスポーツマンシップを発揮したり、自分を脇において友だちを助けたりしたときのほうが、もっと嬉しいものです。そのようなスキルこそ、人生が本当にうまくいくための鍵なのですから。

32

ペロトンの原則
――チームを引っ張るとき、陰で支えるとき

「個人が責任を持って集団の取り組みに貢献する、そうすると、チームも、企業も、社会も、文明も、機能するのです」

■ヴィンス・ロンバルディ（アメリカンフットボールのコーチ）

私は、ここ数年のペロトン社の成長ぶりに脱帽しています。ペロトンは、マシーンの販売と、有名インストラクターによるオンラインコーチングのサブスクリプションをセットにしたフィットネスサービスを展開している会社です。ペロトンの共同創業者でCEOのジョン・フォリーは、同社の成功は、**「完璧を善の敵にするな」**と**「雪崩は小石から始まる」**の**2つの基本姿勢のおかげ**だと言います。

「ペロトン」という名称は、自転車ロードレースの用語「プロトン（peloton）」から

つけられました。もともと、フランス語で、ボールのように丸くなった状態を意味する単語です。ツール・ド・フランスの光景でお馴染みだと思いますが、集団走行するグループをプロトンと呼びます。

この走行形態は、先頭を行く選手が空気抵抗を受けることにより、集団の中心部の選手が、空気抵抗の少ない「ドラフティング」状態で走ることを可能にします。ドラフティング状態の走行は、消耗エネルギーを最大40パーセント節約できます。レース中はポジションを交代しますから、メンバー全員に、先頭で頑張ったり、後ろで休息したりする順番が回ってきます。この方法は、実は渡り鳥の編隊飛行を模したものなのです。

プロトン走行を行うと、巧みなレース戦略が可能になります。チームの全員が最大限に力を発揮できるうえに、効率よくエネルギー回復もできるわけです。

回 先頭を譲るタイミングを知る

自転車ロードレースを観ていると、チームのメンバーたちが集団走行のテクニックを活用して、優勝の可能性が最も高い選手を守り、サポートしているのがわかります。

このプロトン走行の原理は、私たちが、職場や家庭で、自分が先頭に立って逆風を受けなければならない状況に応用できる教訓です。苦境に立たされたときは、ほかのメンバーが力を蓄えて追いつき、力を発揮できるまで、彼らを守ることができます。

一方、1人の選手が長時間ずっと集団の先頭にとどまるのは無理がありますし、それではその人のエネルギーを有効に生かせません。ここで重要なのは、いつ、先頭のポジションを譲り、自分はエネルギーの回復に転じ、ほかのメンバーにリードさせるべきか、自分を客観的に評価する能力です。

ペロトン社の成功は、同社の基本姿勢を反映した、日々の着実な進歩のおかげです。ペロトン社とプロトン走行のエピソードは、良い結果を出してゴールを達成するには、前進を続けながら自分たちのパフォーマンスを客観的に評価し、自分がリードしたほうがいいとき、ほかの人に任せたほうがいいときを知ることが大切だと教えてくれます。

33

まわりの環境をととのえる
——意思の力を節約する

「あなたの行動を根本的に変える唯一の方法は、あなたがいる環境を根本的に変えることだ」（訳注21）

■BJ・フォッグ（スタンフォード大学、行動デザイン研究所の創設者、所長）

誰でも、「自分には、常に良い決断を下し、良い習慣を確立する意志の力がある」と信じたいものです。ところが、意志の力には限界があることが、研究でわかっています。使えば使うほど、蓄えが減るのです。実は、意志の力は、1日のはじめのほうが豊富に蓄えられています。だからこそ、毎朝、生産性を高めるのに効果的な、健康的なルーティンで1日をスタートする意義があるわけです。

しかし、ゴールを目指して頑張っているときに成果を左右するのは、実は意志の力や自制心よりも、自分を取り巻く環境と、ふだんから関わりのある人々です。

あなたの周囲の環境を、ミクロとマクロという2つの側面から考えてみるとわかりやすいと思います。

・ミクロの環境

あなたはテレビを観る時間を減らしたいと思っていますか？　それでは、リモコンから電池を抜いて、部屋の隅に置いてください。

朝のジョギングの距離を伸ばしたいですか？　では、ランニングシューズをすぐ履けるように用意して、パジャマの代わりにランニングウェアを着て寝るというのはどうでしょうか。

食べる量を減らしたい？　お皿やお椀、スプーンなどを、小さめのものに替えましょう。

食品消費における行動心理の研究に基づいた『そのひとクチがブタのもと』の著者、ブライアン・ワンシンクは、「大きなスプーンを使うと、食べる量が増える。大きな皿に盛りつければ、食べる量は増える。机の上のチョコレートを盛った器を6フィート（約1・8メートル）離すと、食べる量は半分に減る」（訳注22）と言います。

このように小さなことを変えるだけで、あなたを囲むミクロの環境が変容します。すると、**意志の力を節約しやすくなり、もっと大きな決断を要するときのために備えることができる**のです。

・マクロの環境

マクロの環境の場合、自分でコントロールするのはもっと難しくなります。また、例えば住む場所や人生の伴侶の選択など、重大な決断も生じます。今一度、ジム・ローンの言葉、私たちは「最も多くの時間を共に過ごす5人の平均値」を思い出してみましょう。

自分が「関わりを持つ人たち」を変えることは、たいていの人にとって最も難しい部分ではないかと思います。けれども考えてみれば、仮に、あなたがお酒を飲む量を控えたい場合、身近な友人が週に4回飲みに行くようなら、新しい友人を作って、主にその人たちと過ごすほうが、あなたのためでしょう。

また、円満な夫婦関係を保つためにも同じようなことが言えます。配偶者に誠実でない人たちと付き合ったり、不誠実な行動が受け入れられる環境にいることは、夫婦円満の目的にはかなわないでしょう。

要するに、自分が最も望んでいる人生を実現するステップとして、どうしたら自分の目標にかなう交友関係や環境（会社を含む）に身を置けるか、マクロのレベルで、明確な意識を持って慎重に検討することが重要なのです。その結果として、自分の目標にそぐわない人間関係や環境から離れざるを得ないかもしれません。

ミクロのレベルでは、自分がやりたいこと、目指すことの邪魔になる要因を減らせるのはどこか、自分の目標にそぐわない物事を遠ざけるにはどうすればいいか、考えてみてください。

34

チームのために——私欲を捨てよう

「私はチームの一員として、チームに頼り、チームに従い、チームのために犠牲を払います。究極的には、チャンピオンとなるのは個人ではなく、チームなのですから」

■ミア・ハム（アメリカの元サッカー選手）（訳注23）

私はこれまでに、スポーツ競技で選手が果敢なプレーをするのを何度も見てきましたが、2016年のリオ・デ・ジャネイロ夏季オリンピック、男子体操で、ドイツチームのアンドレアス・トーバ（当時25歳）が見せた「離れ業」の右に出るものは、ないかもしれません。

個人種目の床の演技中、トーバは着地に失敗して膝をつき、激痛に声を上げながらマットに崩れました。あとで膝の靭帯が断裂していたと判明するのですが、この負傷で、彼は床の演技を終わらせることができませんでした。こうして個人総合のメダルを獲得するチャンスは確実に消え、涙を見せながら、待機中のチームメートと並んで座るトーバの姿がありました。

しかし、トーバは、個人競技の最後の種目だったあん馬に自分が出場して演技を完了しないと、ドイツチームが予選を勝ち抜く望みが薄くなることに気づきます。そこで、目に見えて痛む足を引きずって競技に向かい、あん馬の演技をやり抜き、着地にも成功します。こうして、彼のおかげで、ドイツチームはぎりぎりの得点で決勝進出を決めました。トーバは、**チームのために犠牲を払うというのはどういうことか、身をもって示した**のです。

私は、彼の見事なまでに我を捨てた行動に、すっかり感服してしまいました。私たちも、チームメートの前進を助けるため、あるいはチーム全体が目指すゴールを達成するために、必要とあれば、このように私欲を捨てる覚悟を持っていたいものです。

35

2時間で人生が変わる
――資源、計画、行動を見直す

「計画をともなわない目標は、ただの夢にすぎない」

■作者不詳

土曜日の午前中は、特に何もしないうちに、いつの間にか2時間くらいたっていることがよくあるのではないでしょうか。しかし、2時間で人生が大きく変わった人がいます。エリウド・キプチョゲです。

2019年10月12日、ケニア出身の長距離ランナーで世界チャンピオンのキプチョゲは、フルマラソンで2時間を切り、人類初の快挙を成し遂げました。彼のために特別に設けられたマラソンコースで、キプチョゲは、1時間59分40・2秒をマークしたのです（訳注24）。

マラソンで2時間を切るのは不可能だろうと、長いこと思われていました。ナイキはそこに目をつけ、2014年に、この限界に挑む目的のプロジェクトを立ち上げます。そして3年後の2017年、2時間の壁を破ることを目指すトップランナーで構成するチームが参加する「ブレイキング2」が行われましたが、目標は達成できませんでした。

キプチョゲは、このプロジェクトに参加していたランナーの1人です。

ところで、機械などを分解して構造や動作を分析するリバースエンジニアリングという手法がありますが、それと同じように、自分が掲げたビジョンをリバースエンジニアリングできるかどうかが、「実行できる人」と「夢見るだけで終わる人」の分かれ道になります。壮大なアイディアやビジョンを持つのは立派ですが、それだけでは何かを成し遂げることはできません。**ビジョンを現実にするために必要なのは、資源、計画、行動です。**ナイキが実践したのは、まさにこれなのです。ナイキは、世界一流のアスリート、研究者、プロダクトデザイナーを動員して挑戦を続けました。

◻実現に必要な努力をすれば、何でもできる

そして2019年、2時間の壁に再度挑む歴史的なイベントが開催されます。このときは当初からのビジョンに加え、あらゆる面において綿密な計画のうえに実行されました。

当日は、41名のプロのランナーがペースランナーとしてキプチョゲを牽引しました。ペースランナーたちは、V字型のフォーメーションを構成して風をブロックし、ペースカーが路上に照射するレーザー光線を指標に走りました。

マラソンのコースも、あらゆる条件をクリアして選ばれた場所でした。起伏のない地勢。平均海面とほぼ同じ標高。時節的に気温がランニングに最適で、キプチョゲが通常トレーニングを行うケニアの隣のタイムゾーンのため、時差も少なかったのです。2017年にナイキが主催し、キプチョゲを含む3人のランナーが参加した「ブレイキング2」は、メディアも大きく取り上げましたが、このときは3人とも2時間を切ることができず、続いて何度か行われた試みでも、2時間の壁は超えられません

でした。しかし、プロジェクトチームは、あきらめずに毎回イベントの状況を分析し、企画の修正と調整を重ねました。こうした努力の積み重ねがあってこそ、キプチョゲは2時間の壁を破ることに成功したのです。

実は、多くの人は、自分の可能性を狭めてしまう思い込みのせいで、本当はできるはずの、自分でも驚くようなことをやれないのです。かと思えば、いいアイディアを思いつきながら実行に移さず、同じアイディアをほかの人が実現するのを苛立ちを覚えながら見つめている、夢見るだけの人もいます。歴史を塗り替えるような偉業の成就には、もちろん大きな視野で考える人の存在が必要ですが、その実現を可能にするのは、計画と努力と実行力です。

キプチョゲのエピソードは、私がわが家で子どもたちに言い聞かせている、「君たちは、実現に必要な努力をすれば、何だってできる」というモットーを、目に見える形にしてくれました。

36

カラー・ウォー
――健全な競争がもたらすもの

「勝利する意志、成功する意欲、自分の力をすべて出しきる意気込み……それが、自分の最高水準へ通じる扉を開く鍵である」

■作者不詳

私の子どもの頃の懐かしい思い出に、「カラー・ウォー」があります。100年も前から受け継がれている、キャンプの定番アクティビティで、オリンピック精神に則って行う競技です。

「カラー・ウォー」では、キャンプの参加者が2色のチームに分かれ、数日ないし数週間にわたって競い合います。その間、どの年齢グループの参加者も、リーダーの役割を担う機会が与えられます。また、競うのは運動だけではありません。よくあるのは合唱、それから、ベッドがきちんと整っているかの点検もあります。軍隊のように整列したり、一言もしゃべらず食事をしたり。一つひとつ審査員が点数をつけます。かなりの緊迫感があります。

「カラー・ウォー」の間は、いつも仲良しの友だちも競争相手です。こうなると真剣さのレベルも、規律のレベルも、格段に上がります。しかし、そうこうするうちに最終日になり、競争が終わり、参加者みんなで笑いと涙を共にして祝い、すべてが平常に戻ります。

私は「カラー・ウォー」が楽しくてたまりませんでした。キャンプに参加した夏休みの日々ほど、一所懸命走ったり、言われたとおり静かにしたり、ベッドをきちんと整えたりしたことはありません。今や自分の子どもたちが「カラー・ウォー」に参加するようになり、あらためて私自身の体験を振り返り、リーダーシップや競争についてあのとき学んだのだと実感しています。

今日、親たちや多くの学校が、競争というものを排除したり、競争を避けるよう指導したり、あるいは競争などというものが存在しないかのように振る舞ったりしていますが、私には、それが次世代にダメージを与えているとしか思えません。子どもたちは最小限のことだけやっても、あるいは単に行事に参加しただけでも、トロフィーや賞状がもらえ、ほめられるのです。これでは、競うことで学べる大切な教訓が、すっかりないがしろになってしまいます。例えば、

1. 自分のベストを引き出す。
2. 勝っても謙虚さを忘れず、負けても落ち込まないことを学ぶ。
3. 規律を守り、根気よく努力する。

私たちは、人生のどの段階でも、勝つときもあれば、負けるときもあります。しかし適切な準備なしには、いずれの場面でも上手に対処できません。

健全な競争は、自分の本領を100パーセント引き出す機会であると同時に、まわりの人のベストを引き出す機会でもあるのです。

英語の「compete（競う）」という言葉の語源は、「共に努力する」という意味のラテン語です。これこそ、最高水準を達成するための基盤です。

この、個々のメンバーとチーム全体のパフォーマンスを同時に向上させよう、という強い意志を持つことが、競争の本当の目的であって、私たちが、仕事でもプライベートでも、もっと重きを置いたほうがいい点なのです。

37

スポーツマンシップ ――勝敗より大切なこと

「勝者と敗者の間の差異は、それぞれの勝ち方と負け方の違いである」

■作者不詳

「カラー・ウォー」で見たように、競い合うということは、目標の達成やパフォーマンスレベルの向上の核心となる要素です。ところが、競争のメリットを示す例が数多く存在するにもかかわらず、なぜか**競争の意味が誤解され、過小評価されています。**

でも、考えてみれば、私たちは人生のほとんどの側面で、常に競っているのです。希望する仕事に就くため、志望大学に入るため、そして新しい顧客や従業員を獲得するため。もちろん、だからと言って、なりふり構わず勝ちを目指すのがいいわけではありません。

競争と人徳が矛盾しないことを教えてくれる、心に残るエピソードが、高校生の野球の試合で繰り広げられました。2018年、ミネソタ州の高校の投手、タイ・ケインは、州のリーグ戦で、対戦相手の高校に通う親友のジャック・コーケンと対決します。ケインは、コーケンから三振を奪って最終回3つめのアウトをとり、その瞬間チームの勝利と州大会への進出を決定づけました。

このとき、チームメートが一斉にマウンド上のケインに向かって駆け出すのと同時に、彼自身は本塁へ走っていき、コーケンを力強くハグしてから、チームメートのところに戻って喜び合ったのです。

あとでその行動について聞かれ、ケインは、試合の結果よりも友情のほうが大事だと思う気持ちを、コーケンに伝えたかったのだと言いました。

□競争の目的は互いの向上

この動画を見て、私は何年か前に観た大学ソフトボールの試合を思い出しました。サラ・タコルスキーという選手がいたのですが、4年生の彼女は初めてのスリーランホームランを打って塁を回り始めたものの、1塁ベースを踏み忘れ、踏み直しに戻った際、膝の靭帯を痛めてしまいます。

公式ルールでは、チームメートに支えられてベースを回るとアウトになります。でも、膝を故障した本人はもちろん1人では走れません。審判は、代走者を送った場合、ホームランではなく、2点タイムリーヒットになると指摘しました。

その直後に展開した光景は、スポーツマンシップの真骨頂と言えるでしょう。対戦相手の選手2人が、タコルスキーを抱えてベースを回ったのです。そして、2塁と3塁では彼女のつま先がベースに触れられるように立ち止まりました。相手チームは、自分たちの勝利を投げうってこの行動に出たのです。

競争とは、自分たちの実力を向上させるためのものなのです。練習を重ねて上達し、チーム一丸となって勝つ意志を持つことです。真の勝者は、何が何でも勝とうとしたり、ほかのチームが負けることを望んだりせず、勝利そのものよりも、人格を重んじます。本当のスポーツマンシップに必要なのは、フェアな勝ち方を心得ることと、負けたときは潔く受けとめることです。

38

「トライ」しよう
——目標達成のための8つのヒント

「幸福は、楽なことをして得られるものではない。自分の最善を尽くし、困難なことを成し遂げたときの充足感の余韻から得られるのが、幸福だ」

■セオドア・アイザック・ルービン（アメリカの精神分析医、著作家）（訳注25）

2017年に、私は、かねてからの目標を達成し、初めてオリンピック・ディスタンスのトライアスロンを完走しました。レースに臨みながら、長いトレーニングの過程で学んだことを思い巡らすうちに、8つのポイントが浮かんできました。これは皆さんにも役に立つのではないかと思います。

1．**将来の大きな報酬のため、目先の小さな報酬を我慢する**：世界のトップクラスの人たちのような自制心を身につける最良の方法、それは、結果は短時間で決まるが、達成するには長期間、毎日、自制心を持って努力しなければならないゴールを目指すこと。

2. **ゴールは怖いくらいのほうがいい**：毎年、多少なりとも尻込みしたくなるゴールを、最低1つは設定しよう、と昨年決意した。これは（精神的にも肉体的にも）自分をコンフォートゾーンの外に押し出し、まさか自分にできるとは思わなかったことを成し遂げて、自信を高めるため。

3. **具体的な日を決める**：一昨年もトライアスロン完走を目標に掲げたものの、特定の日を設定しなかったため、故障を理由に先延ばしにしたほか、自分への口実を山ほど作ってしまった。今回は、参加したいイベントの情報を見つけたときに即、日を決めて、参加費の支払いを済ませた。

4. **コーチ（ないしメンター）の存在は大きい**：初めてのトライアスロン参加に備え、優れたコーチにトレーニングメニューを作ってもらい、毎週、彼に経過報告することを義務づけ、怠けないように協力してもらった。

5．**自分に合った方法に絞る。ほかの人のやり方は気にしない**：水泳に関しては、私の強みは平泳ぎ。でも「トライアスロンにはクロールが最適」という意見が大多数だったので、クロールで訓練した。レース当日、クロールで泳ぎ始めたものの、5分ほどで平泳ぎに切り替え、途端にずっと楽になった。今にして思えば、周囲の意見に左右されずに最初から平泳ぎで訓練していれば、水泳部門でもっと良い結果が出せたかもしれない。

6．**状況に合わせて視線を変える**：トレーニング中にも、本番のレース中にも、行く手にあるフィニッシュラインを思い浮かべると、やる気が湧くことがあった。かと思えば、目の前を見据え、一歩一歩しっかり踏んでいくほうがいいときもあった。この2つの方法で、違う角度から自分を励ますことができる。

7．**本番の舞台で予行演習する**：事前に実際のイベントのコースで練習するようコーチにすすめられたが、旅程の都合で当初の予定より現地到着が遅れ、かろうじて本番2日前に水泳の練習をしたところ、海で泳ぐと（プールと違って）胸のむかつきを覚えることがわかった。実際のコースで練習していなかったら、調整する時間もないまま当日苦しい思いをしただろう。

8. 始めたことは終わらせる：『やり抜く力 GRIT（グリット）――人生のあらゆる成功を決める「究極の能力」を身につける』（神崎朗子訳、ダイヤモンド社刊）がベストセラーになったアンジェラ・ダックワースは、子どもの頃、シーズンスポーツであれ、楽器のレッスンであれ、「始めたことは終わらせる」という家族のルールを守らなければならなかったと書いている。要するに、終わらせれば再度やらなくてもいいが、始めた以上は最後まで続けるということ。

どんなゴールでも、あなたが少しも怖気づかないようなら、おそらくそのゴールは、手を思いきり伸ばさなくても、届いてしまうからでしょう。

39

大切なことを妥協しない3つのコツ

――いつもベストな自分でいるために

「あなたには、個人としての権利だけでなく、個人としての義務もあるということを、いつも心に留めておいてください」

■エレノア・ルーズベルト（アメリカ合衆国第32代大統領フランクリン・ルーズベルトの妻）

自分の人生のゴールやニーズを優先しない人は多いと思います。私たちは、ともすると自分をいちばんあと回しにして、まわりからいろいろな用事を引き受けてしまいます。しかしそうすると、自分のエネルギーをあれやこれや脈絡のない活動に分散してしまい、結果として、本当なら達成できるはずのゴールに届きません。しかも、実はあまりまわりの人の役にも立っていないのです。

自分を優先することと、自分勝手ということが混同されがちのように思います。私は、この2つが同じだとは思いません。自分勝手というのは、周囲が自分に合わせるのが当たり前のように勘違いして、ほかの人の都合を考えないことではないでしょうか。一方、自分を優先するというのは、自分にとって大切なことを妥協しないという意味です。

自分を優先しないとどうなるかと言うと、まわりの人に対して最高の自分で接することができなくなってしまいます。自分自身のためにも、まわりの人のためにも、自分のベストの状態でいるには、健康的な生活を送り、じゅうぶんに休養をとり、満ち足りた気持ちでいないといけません。私が知っている、まわりの人に惜しみなく与えることのできる度量の大きい人たちは、自分の優先順位やゴールに関してとても厳しく自分を律しています。その結果、継続的に、最大限に、周囲の役に立てるのです。

自分を優先するのが上手になる、簡単なコツを3つお教えしましょう。

1.「No」と言う：頼まれることを全部引き受けていたら、自分の優先順位を守ることなんてできるはずがありません。デレク・シヴァーズは、著書でこの悩みを「断然イエスでなければノー」のテストで解決することをすすめています。要するに、喜んで飛びつくのでなければ、ためらわずに断り、うしろめたさを引きずらないことです。

2. **基本的なニーズを優先する**：私たちの毎日の生活の中で、睡眠、食事、運動は、どれも妥協の余地のない基本的なニーズです。そこで、1のコツに戻りますが、基本的なニーズを優先するためには、ほかのことに「ノー」という必要が出てくるわけです。

3. **ジャーナリングを習慣にする**：最近、「書く瞑想」とも呼ばれるジャーナリングの効果について書いてある記事を目にすることが多くなりました。ジャーナリングには、自分の意識の流れを理解し、自分を顧み、「今、このとき」に意識を向けてありのままを受け入れる糸口になるという特有の働きがあります。

というわけで、今度、自分のためにやりたいことを実行しない口実を作っている自分に気づいたら、ちょっと立ち止まって、右の3つの点を検討してみてください。自分のニーズやゴールよりもまわりの人のニーズやゴールばかり優先していると、体力的にも、気分的にも、自分のやりたいことを達成して満足感を味わう余裕がなくなってしまいます。自分を優先することは自分勝手ではありません。むしろ、そうすることが、まわりの人の役に立つためのいちばんの近道である場合が多いのです。

第4章

感情のキャパシティを広げる

——自分を狭める思い込みを克服しよう

自分の感情を理解しよう

感情のキャパシティの大きさによって、自分を狭める思い込みを克服する力や、困難に柔軟に対応する力、周囲との人間関係の質が決まってきます。どんなに才能があって、やる気も体力もじゅうぶんでも、感情のキャパシティが追いつかないとゴールを達成することはできません。

人の感情面は性格の一部だと思っている人が多いかもしれませんが、これは誤解です。知性の面は学ぶことで向上し、身体面は運動で改善できるのと同じように、感情も、訓練次第でコントロールできるようになり、いつか苦境に立たされたときにも平静を保てるようになるのです。

周囲との関わりをまったく持たずに生きることはできないので、自分の成長に合わせて、まわりの人々や環境との関わり方を変えていかなければなりません。

感情のキャパシティの向上を妨げる最大の障害となっているのは、実は、自分を狭めてしまう思い込みであることが多いのです。私たちは、つい、面倒くささに負けて楽な道を選び、何かと理由をつけて、難しいゴールの探求を避けてしまいがちです。もしあなたが、「自分には本なんて書く時間はない」とか「もう若くないから毎日運動するのは無理」と自分に言い訳しているなら、自分を過小評価しているか、やってみるのが怖いかのどちらかでしょう。

自分の身に起こることの大半は、自分でコントロールできるのだ、という考え方には抵抗を感じるかもしれません。もしそれが現実だとすると、なぜか、「よし、やるぞ」と自信が湧くより、むしろ嫌な気分になる人のほうが多いと思います。

私たちには、誰かほかの人がその人自身を狭める思い込みを抱えているときに、それを克服する手助けをする責任もあります。これが、「フライデー・フォワード」の中心的テーマの1つです。困難な状況を乗り越えて何かを成し遂げた人たちのエピソードを読むと、誰でも自分で思っているよりずっと多くのことができるのだと再認識できると思います。私たちが自分自身の思い込みの壁を破れば、ほかの人の励みになり、その人たちが思い込みを捨てる助けにもなれるのです。

感情のキャパシティの核心をなすもう1つの部分は、人間関係の質です。どんなに自立心のある人でも（私もその1人です）、日々、最も身近な人たちの影響を受けています。ですから、あなたの成長を支えてくれる人との関係を築き、逆にあなたのエネルギーを奪う人間関係から離れることが大事なのです。

この章に収めた数々のストーリーは、そうしたテーマに具体的に触れていきます。本当に意義のある人間関係を築くこと。まわりの人に感謝の気持ちを表すこと。失敗から学ぶこと。自分でコントロールできる物事に意識を向け、自分ではどうにもならない物事に気をもまないこと。例えば、過激な人種差別主義者の標的にされながら、寛容な態度で応じたユダヤ教の指導者、マイケル・ワイサーのエピソード、また、遺伝学者メアリー＝クレア・キングのエピソードもご紹介します。キングは人生のどん底にいたときに研究資金の申請のためのプレゼンテーションを行って、それが革新的ながん研究につながり、多くの命を救うことになるのです。また、「エナジーバンパイア」とは何者か、どんなふうにあなたが実力を発揮するのを邪魔しているのかにも合点がいくようになるでしょう。

これらのストーリーは、「自分も周囲との関わり方を見直さなくては」という意識を目覚めさせてくれると思います。読みながら、こんなことを自問してみてください。

自分はどんな思い込みに縛られているか？

今までに、もっと違うリアクションをしていれば違う結果になったかもしれない状況はどんなときだったか？

もっと時間を費やして大切に育みたい人間関係は？

逆に、努力に値しない人間関係は？

自分の邪魔をしているのは、ひょっとしたら自分自身かもしれません。感情のキャパシティを広げると、自らの行く手を塞いでしまうような失敗をしなくなります。

40

エナジーバンパイア
――消耗する人間関係から離れる

「1日に使えるエネルギーは限られていますから、注ぎがいのあるところに注ぎたいものです。どこに注ぐかというと、それは私にとって大切な人たち、私にエネルギーを注ぎ返してくれる人たちです」

■ダンダパニ（アメリカ在住のヒンドゥー教司祭、起業家）

前にも書きましたが、あなたがキャパシティを広げて向上するのを応援してくれる、ポジティブなエネルギーをくれる人と積極的に関わるようにするのが、とても重要です。しかし、同時に、それとは正反対のタイプの、いわゆる「エナジーバンパイア」を見極めることも大切です。

ヒンドゥー教の僧侶としての修行を経て、現在は企業を対象にコーチングを行うダンダパニはこう説明します。「私たちが1日に使えるエネルギーの量は限られている。また、私たちはエネルギーをくれる人や、逆にエネルギーを吸い取る人に囲まれている。エネルギーを吸い取る人たちが『エナジーバンパイア』で、その人は職場の同僚かもしれないし、友人や家族かもしれない。あるいは、用事で外に出たときにたまたま出会った人が、エナジーバンパイアのこともある」

ダンダパニは、そのような人に対応する際に真っ先にすべきことは、**その人が一時的なバンパイアなのか、本質的にバンパイアなのかを見極めること**だと言います。一時的なバンパイアは、もしかしたら辛い経験をしている最中なのかもしれません（離婚、失業、あるいは親族を亡くしたなど）。それで少しの間身近な人に依存しているなら、それはそれでいいのです。あなたにとってはしんどいかもしれませんが。

けれども、本質的なバンパイアの場合は、常にそういう人なのですから、自分の態度を変えようとは思っていません。このタイプの人の簡単な見分け方は、その人と関わったあとの自分の気分に注目してみることです。消耗感を覚えるなら、その人がエナジーバンパイアである可能性は高いと言えます。

□エナジーバンパイアの特徴

・**自分は被害者だと思い、まわりを責める**：自分はいつも損しているという話ばかりする。それを周囲のせいにして、まわりの人を申し訳ない気持ちにさせる。
・**自分に注目を集めたがる**：ミーティングでも日常の会話でも、必ず自分が話題の中心になろうとする。
・**ナルシストである**：自分のことや自分が抱えている問題で頭がいっぱいで、ほかの人の都合や、どうしたらほかの人の役に立てるかは考えない。
・**悲劇のヒロイン・ヒーローのように振る舞う**：ドラマチックな出来事が好きで、その人の周辺で何かしら騒ぎが起こり、そのたびにまわりの人を巻き込む。

このような人を全面的に避けることができれば、それがいちばんですが、同僚や親しい友人、親族がエナジーバンパイアの場合はそう簡単ではありません。しかも、その人たちを避ける自分に罪悪感を覚えてしまいます。

しかしどんなに心苦しくても、しがらみから自分を解放することがポイントなのです。そうすることで、自分を守り、自分のエネルギーを大切に使えるのですから。バンパイアにエネルギーを奪われるままにしていると、ほかの人の力になったり成長を助けたりする余裕がなくなり、自分のベストの状態も保てなくなります。

エナジーバンパイアに対して真っ向から対立する必要はありません。やんわりと避ける工夫をすればいいのです。それがダメなら、関わり合わないようにする方策を立てましょう。あなたのエネルギーは、ほかのところに向けるほうが良いのです。

41

感謝の心を行動に表す
——喜びの連鎖を始めよう

「感謝の気持ちは、平凡な日々を感謝祭に変貌させ、単調な仕事を喜びに転じ、ごく一般的な機会を祝福に変える」

■ウィリアム・アーサー・ウォード（アメリカの著作家）

何年か前、私のメンターである起業家のウォーレン・ラスタンドにすすめられた、ある習慣を、私と家族も実践することにしました。それは、旅先のホテルでチェックアウトする前に、清掃係の人宛に謝意をメモに手書きし、チップと共に置いておくというものです。

この習慣をおすすめしたい理由はいろいろありますが、特に次の3つが浮かびます。

1. 感謝の気持ちを行動に表す。感謝の気持ちを持って、それを伝えることは、私たちの心と身体の健康にさまざまなプラスの効果があります。
2. 人に気づかれにくいところで黙々とやってくれている仕事に対して、敬意やねぎらいの意識を持ち、それを伝えることができる。
3. チップはあなたにとってはささやかな額でも、受け取る人には、こうした積み重ねが助けになるかもしれない。

ある友人もウォーレンのアドバイスを取り入れ、ホテルに滞在したときは、お礼のメモを添えたチップを部屋に残して発つことにしたそうです。彼が、最近グアテマラのAirbnb（エアビーアンドビー）に泊まったときのことを教えてくれました。滞在中の食事作りと部屋の清掃をしてくれた人へのチップとして、毎日、部屋に15ドルを置いて外出していたところ、数日後思いがけないことに、その宿のオーナーから次のようなお礼の手紙をもらったそうです。

「サンドラにたいそうご親切なお心遣いを頂き、心からお礼申し上げます。おかげ様で、2人の子どもがそれぞれ歯の治療と、寄生虫治療を受けられたと本人が申しております。このようにお志を役立てることができました。ご厚意に感謝いたします」

私たちは慌ただしさにかまけて、何気ないことに心を留めなかったり、宿泊施設などで何かしてもらった人たちに、お礼の言葉をかけるのを忘れたりしていないでしょうか。考えてみれば、その人たちは、私たちよりも恵まれない境遇にいることも少なくないのです。

私たちは、つい、日常の贅沢な悩みに心を煩わせてしまい、ほかの人たちの苦労や境遇に気が回りません。誰かに何かしてもらったら、その人たちのことを、ちょっと立ち止まって考えてみましょう。何か得をするためではなく、ただ黙々と仕事をしているわけです。だからこそ、この人たちがやってくれることをきちんと認識すると、予想以上にポジティブな波及効果があるのです。それに、そうすることは良いカルマ（業、行い）ではありませんか。どうぞ皆さんも、**何かしてもらったら、真心を込めて感謝の意を表すように心がけてみてください**。そして、ささやかながらも、その人たちの役に立てないか、考えてみてください。その心遣いは、きっと何らかの意味を持つと思います。それに、あなた自身もすがすがしい気持ちになるでしょう。さりげない行為でも、誰かに大きく役立つことがあるのです。

42

言葉の持つ力
――効果的な伝え方を考える

「人は誰もが進化し続けるのだから、それとともにあなたの人間関係も進化するべきなのだ。そして親身になって気遣うこと。部下にレッテルを貼ってそのままほったらかしてはいけない」（訳注26）

■キム・スコット（大手IT企業CEOのコーチ）

私が、親として、また、会社のリーダーとしての道のりで学んだことの1つが、言葉選びの大切さです。とりわけ、称賛や批判のフィードバックに用いる言葉には注意を要します。私たちは誰かを注意するとき、どちらかというと、行いの不適切さを指摘するより、その人自身を咎めてしまう傾向があるからです。

1つ例を挙げましょう。私は今までに、管理職に就いている人が、「戦略思考ができない部下がいる」と嘆くのを何度も聞きました。よくあるのが、「もっと戦略的に考えてくれないと」という指導のしかた。この言い方だと、相手に好意的に受けとめてもらえません。言われたほうは、自分の行動ではなくて人格が否定されたような気がしてしまうのです。

問題があるときは、具体的な例を示して説明すると、もっと効果的に伝わります。右の例で言えば、上司は、ほかのプロジェクトの企画書を例にとって、「これは各部分の詳細はよく工夫されているが、大きな視野ではどう段階的に進めていくかという戦略に欠けている」などと教えればいいのです。

微妙なようですが、部下に向かって君は「戦略的でない」と言うのと、「戦略的な思考方法を活用していない」と指摘するのでは、大きく違います。たいていの人は、自分の性格は変えられないと思いがちな反面、仕事のやり方を変えることには、それほど抵抗がないからです。

ときには、相手の気持ちを深く傷つけるような批判をする人もいます。最近のことですが、私が自分の会社の社風について書いたり、話したりした際に寄せられた感想の中に、過去に上司に「頭が悪い」とか、「君は人の言うことがわからない」「管理職向きではない」などの個人攻撃を受けた体験を明かしてくれたものがありました。

もちろん、言いにくいことを伝えなければならないときはあります。けれども、相手の人格を否定するような言い方は、その人の進歩にはつながりません。むしろ逆効果です。この手の個人的な批判を浴びせられたために自信を喪失し、回復するまで何年もかかったという話を、直接本人から聞いたことが何度もあります。

言葉の選び方や声のトーンに注意を払う

子育てについても同じことが言えます。子どもを「ばか」呼ばわりするのと、子どもの行動を「賢い選択ではなかったね」と指摘するのでは大違いです。「怠け者」扱いするのと、「怠けている」とたしなめるのも、やはり違います。

ほめる場合も同じです。ある著名な児童心理学者は、子どもをほめるときはその子の性質ではなくて、行動をほめるべきだと話していました。例えば、「頭がいいね」と言うのではなく、その子がやったことについて、「いいアイディアだね」と言ってあげるほうがいいのです。このように、子どもの行動に焦点を当てることで、本人がコントロールできない性質のせいにすることを避けられます。

フィードバックは、受け取る側も伝える側もちょっと構えてしまうかもしれませんが、どのように伝えるか、つまり、言葉遣いや声のトーンによって、まったく違う効果をもたらし得るのです。

今週は、誰かに伝えなければならないフィードバックを想定して、伝え方を考えてみてください。自分へのフィードバックでも構いません。言葉の選び方、声のトーンや抑揚に注意を払いましょう。そして、何をいちばん伝えたいのかという点を、実際にフィードバックを口にする前によく検討してください。そのように熟考することで、相手の受けとめ方が格段に違ってくるものです。

43

愛と憎しみ
――考えの違う他者に心を開く

「本当は、人間の性根は善良なのです。邪悪ではありません」

■ラビ　マイケル・ワイサー

1991年のこと、マイケル・ワイサーは、妻ジュリーと、5人の子どものうち3人と共に、ニューヨークからネブラスカ州リンカーンへ移り住みました。地元のシナゴーグ、サウスストリート・テンプルに、指導者およびカンター（礼拝で会衆をリードして祈る先唱者）として着任したのです。

引っ越し荷物を新居に運び込み、荷ほどきをしているときに電話が鳴りました。出ると、受話器の向こうの声が「ここへ来たことを後悔するぞ、ユダ公」と言って切れました。

数日後には小包が届き、中にはユダヤ人差別や人種偏見をあおるビラの束と、白人至上主義団体、クー・クラックス・クラン（ＫＫＫ）の名刺が1枚。名刺には、「カス野郎、ＫＫＫがお前らを見張っている」と書いてありました。警察の話では、嫌がらせの主は、ほぼ間違いなくＫＫＫ「白い騎士団」のネブラスカ州支部長のラリー・トラップだろうということでした。ところで、トラップは、少年期に、小児糖尿病の悪化により両足を切断していました。

ワイサーは、家族の身を案じつつ、一風変わった対応を思いつきました。知人にトラップの電話番号を調べてもらい、留守番電話にメッセージを残すことにしたのです。例えば、「ラリー、世の中には愛がいっぱいあるのに、君は少しも分け前をもらっていないんだね。ちょっとは欲しいと思わないか？」とか、「ラリー、君が行っている、憎しみに満ちた行為について、考えてみたほうがいい。君にもいつの日か、神と対面するときが来るのだから」などと。

それが毎週のルーティンになりました。ある木曜日、電話に出たトラップがワイサーに罵声を浴びせ、何の用だとすごみました。これに対してワイサーは「体が不自由だと聞いているが、よければ食料品店まで私の車に乗っていかないか」と申し出たのです。トラップは、用は足りているから、もう電話をかけないでくれと答えました。

ワイサーは、それでも思いやりのメッセージを残し続けました。するとある日、トラップから電話がかかってきました。そして「活動をやめたいんだが、どうやってやめたらいいかわからない」と言ったのです。

反対する子どもたちをなだめ、ワイサー夫妻は、その晩トラップの自宅を訪ねて食事を共にすることにします。そして、トラップの話に何時間も耳を傾けるうちに、夫妻は、トラップが子どもの頃、父親から心理的、身体的に虐待を受けていたことなどを知りました。話を聞いて、トラップの憎悪に満ちた行動の根源にあるのは、今まで誰にも愛された覚えがないことだとわかったのです。

それからの1年間、トラップは地元の注目の的でした。以前、自分が脅迫の標的にした人に謝罪し、憎悪が引き起こす禍《わざわい》について、学校や公民館で話もしました。しかしその頃、トラップの健康状態は悪化し始めます。ワイサー一家は、トラップに、自分たちと一緒に暮らすことを提案しました。トラップは申し出を受け入れ、翌年亡くなるまでワイサー家で暮らし、その間にユダヤ教に改宗しました。そして、彼のお葬式には、数年前ならトラップの死を悼むことなど考えられなかった人たちが、大勢シナゴーグに詰めかけたのです。

このストーリーに教えられることはたくさんありますが、私がとりわけ強く感じた点が3つほどあります。

・憎しみを世の中に向けて発信すると、まわりの人も自分を憎むようになるということ。そして、この悪循環は、誰かが果敢に破るまで続くということ。しかし悲しいことに、現在、世界中で、この憎しみ合いの連鎖が広がりつつあります。

・人生のあらゆる場面で、私たちは他者をもっと理解するための努力ができるはずだということ。人の行動や態度など、表に見えている部分は、根本的な原因の表出である場合が多いのです。

・広い視野を持っていないと、誰かが、許し難いような行動や態度、信念や意思を示したときに、その根底にある理由を探り当てられないということ。

44

バラの花とトゲとつぼみ
――的を射た質問をする

「内省のない人生は、生きるに値しない」（訳注27）
■ソクラテス（古代ギリシャの哲学者）

夕食の食卓を囲みながら、親が「今日は学校どうだった？」と子どもに聞くのは、どこの家庭でもよくある光景ではないでしょうか。でも、これに対して「別に」という一言が返ってきて、気まずい空気が漂うこともよくあると思います。

ごく普通の場面ではありますが、このような家族の会話は、ちょっと趣向を変えただけで、ぐっと改善できるのです。その例を挙げましょう。

数年前、仕事仲間の家に夕食に招かれました。するとこの家庭では、家族のそれぞれが、その日の出来事で最も良かったこと、嫌だったこと、今感謝していることを1つずつ話すというのが習わしだったのです。

私は、この一家の会話の質の高さと奥の深さにとても感心して、わが家でも、似たような対話の形式を取り入れることにしました。わが家ではこれを「バラの花とトゲとつぼみ」と呼んでいます。というのは、各自が、その日いちばん良かったこと（花）、いちばん嫌だったこと（トゲ）を話し、最後に、楽しみにしていること（つぼみ）をつけ加えるからです。子どもたちはこれがとても楽しいらしく、彼らのほうから聞いてくることも少なくありません。親の私たちも、この問答を通して子どもたちの毎日がよくわかります。

このように質問を投げかけるやり方は、ソクラテスの問答法に似ています。経営大学院（ビジネススクール）や法科大学院（ロースクール）の多くが授業に取り入れるほど、とても効果的な教授法なのです。頭で考えて答えを出すよう促す問いかけは、客観的な思考を刺激します。そして、その過程で自分の偏見に気づいたり、新しい考えが生まれたりするのです。

職場でも、的を射た質問は、違う角度から問題を検討することを促し、その結果、より良い解決策が生まれます。すると、チーム全体の成長にもつながります。ですから、取引先とのコミュニケーションでも、社内のコミュニケーションでも、性急に回答したり助言したりせず、どんな質問をしたらいいか考え、質問の質の向上に取り組むといいのです。私が社員と一対一で話をするときに、何よりも聞きたいのは、

(1)うまくいっていることは何か
(2)うまくいっていないことは何か

の2つです。特に(2)の問いが現状の正確な把握につながることがよくあります。

45

疑問を持つ

——オープンに話し合い、共に考える

「疑うことを恐れてはいけない。何の疑問もなく信じることはできない。疑うことを経てこそ、確信が強まるものだ」

■ジャスティン・ホルコム（米国聖公会の牧師、神学校教授、著作家）

パブリックスピーキング、つまり「人前で話をすること」の研究と指導で著名なコナー・ニールは、私の親しい友人でもあり、彼とゆっくり話をする機会があると嬉しいものです。コナーの指導を受けた多くの人が、説得力と信頼感のあるメッセージを構築する方法を習得してパブリックスピーキング能力を飛躍的に向上させ、聴き手に「この人はこの主題のエキスパートだ」と確信を与えるスピーチをしています。

最近コナーと話した際、すぐに話題は、昨今、柔軟性を欠く主義主張が世界中には

びこっているという話になりました。コナーは、そこから信仰という概念に関連づけて、ある信心深い友人と交わした会話のことを教えてくれました。この友人は、自分の信仰について周囲から受ける批判や質問に、とても寛容なのだそうです。

その友人は、疑念を抱くときこそ信仰を持つことに意義があるのだと、コナーに語りました。彼の持論は、人は、何もかも疑ってかかればシニカルになってしまうし、逆にまったく疑問を持たないと、信条が高じて狂信的になってしまう恐れがある、という前提に立っています。

これには、なるほどと思いました。この視点に立つと、現在のアメリカ合衆国、ひいては世界中で、分断が深刻化する政治情勢が作り出される背景について、たいがい説明がつくと思います。

近年、互いの立場を尊重して議論や対話を行うことに消極的な人が増えているばかりか、異なる視点を理解しようという努力もあまり見られなくなりました。それどころか、自分が信奉する立場が批判されると、凝り固まった主張を繰り返すか、怒りを爆発させるかのどちらかなのです。

　この社会現象が加速度的に広まっている背景には、今やほとんどの人が、ソーシャルメディアから情報を得ているという事実があります。ソーシャルメディアは、検索履歴の傾向や、ユーザーが自分で登録した好みをもとに、情報を提供してきます。この仕組みにより、私たちは、自分がすでに持っている考えを支持する意見や情報ばかり目にすることになります。

　そして、これが「確証バイアス」（自分に都合のいい情報を無意識に集める心理現象）を強化しているのです。しかも、そういった情報の中には根拠のない噂にすぎないものや、真っ赤な嘘、つまりフェイクニュースもあるわけです。これは危険な現象で、私たち一人ひとりが警戒しなければなりません。

　もちろん、物事を成し遂げるには、ビジョンや信念を持ち、自分を信じなければならないのですが、同時に、自分を過信せずに健全な懐疑心と謙虚な心構えを保ち、バランスをとる必要もあります。

疑問を持ってまわりの人とオープンに話し合い、共に考えることのメリットを、あと3つほど挙げましょう。

・新しい考え方や異なる視点に対する柔軟性を保つことができる。
・新しいことを学ぶ意欲と謙虚な心構えを保てる（自信過剰は、失敗を招くことが多い）。
・問いがまた次の問いを生み、自分の先入観をより筋道を立てて検証せざるを得なくなる。

46

旅をすすめる4つの理由
――コンフォートゾーンの外に出よう

「世界は1冊の本であり、旅をしない者はその本を1ページしか読まない」

■作者不詳

家族旅行と出張のスケジュールを合わせて、最近、3週間で3つの国を訪れ、いろいろと開眼させられました。ところで、私の会社では、社員にコンフォートゾーンの外に（心理的な意味で）自分を押し出すことを奨励しています。しかし、物理的な意味でも、異なる土地への旅を通してコンフォートゾーンの外に出るのは大変良いことです。私は、旅行して異なる環境に身を置くことには、4つの大きなメリットがあると思っています。

1. 新しい視点が生まれる：ふだん過ごしている環境の外に出ると、人と交わす会話の内容も変わり、周囲の目新しさに刺激されて、自分も新鮮な目線でまわりを見るようになります。特に、同伴者がいて、その人にとって初めての土地に行く場合、2人の間で日常的なやり取りが途絶え、代わってその土地や文化、初めて見聞きすることについての感想や考えが話題の大部分を占めるようになります。この変化には、いつもはっとさせられます。

2. 自動運転スイッチがオフになる：1つの所にずっといると、いつも同じことをして、同じことをしゃべっているのが居心地よくなり、日常が、基本的に自動運転状態になっています。ところが、旅先ではいつものルーティンどおりにはいかないので、突如として、頭を使って問題を解決しなければならない状況に置かれることになり、試行錯誤を重ねるうちに自信がついてきます。格好の例が、初めて訪れた都市での、交通機関の利用体験です。

3. 新しいアイディアが生まれる：慣れない土地で目新しい物事に囲まれると、自動運転がオフになって頭が活発に働きだし、そこから新しいアイディアが生まれることがあります。例えば、私の事業の1つである「ブランド・サイクル」(アフィリエイトマーケティングのプラットフォーム）は、数年前、シカゴで夕食中に浮かんだアイディアを、タクシーの中で練ったのが始まりでした。

4．**異文化に触れる**：昨今、世界はますます狭くなっています。文化の持つ影響力を実感し、文化の特徴が社会や生活のさまざまな側面に表れているのを発見するのはとても面白いものです。そうした経験は、私たちの視野を、個人のレベルでも仕事の面でも広げてくれます。ちょっとした文化の違いの例で私が気に入っているのは、アメリカでは「並んで待つ（waiting in line）」と表現するつまらない行為を、イギリス人の友人が、もっと威風堂々たる「行列する（queueing up）」に変えてくれたことです。

47

見知らぬ人に親切にする
――自分が嬉しかったことを思いだそう

「人生で大事なことは3つある。第一に、人に親切にすること。第二に、人に親切にすること。そして第三に、人に親切にすること」(訳注28)

■ヘンリー・ジェイムズ(アメリカ生まれ、イギリスで活躍した小説家)

私は、7歳の息子ザックと交渉して合意を取り付けました。何の話かと言うと、独立記念日のイベントから早めに引き上げる代わりに、会場のホテルのゲーム室にあるクレーンゲームで、2ドル分遊んでいい、ということにしたのです。皆さんも見覚えがあると思います。おもちゃなどの景品をつかみ上げるためにジョイスティックを操作してクレーンを動かす仕掛けの、ちょっと胡散臭いあのゲームです。

私は、子どもたちに、あのゲームマシーンは景品をつかめないようにできているのだと、何度も言い聞かせていましたが、このときばかりは、交通渋滞を避けるためには仕方ないと判断して妥協したわけです。

ザックは、ボストン・ケルティックスのロゴ付きのミニバスケットボールに狙いを定めて4回試し、2ドルを使いきってしまいました。ふと見ると、そばに10歳くらいの男の子が立っていて、どうやらその子はクレーン操作のコツをつかんだらしく、うまいこと獲得した景品をいくつか抱えていました。

私はザックに約束を思い出させ、その場を離れました。そして私たちがゲーム室を出ようとしたとき、先ほどの少年が追いかけてきて、ケルティックスのボールをザックの手に渡したのです。彼はザックがこのボールをつかもうとしていたのを見ていたので、自分のお金を使って取ってくれたのでした。

そのときザックが、男の子に何度も、何度も、ありがとうと言っていた顔が私の目に焼きついています。私が、ボールの獲得にかかったお金として50セントを渡そうとすると、その男の子は最初は遠慮し、しぶしぶ受け取ってくれましたが、私たちが立ち去りかけたらすぐ、その50セントを別の子どもにあげていました。

□人に惜しみなく親切にすることの大切さ

このあと車に乗り込んだとき、不意にザックが興奮した声で言いました。「さっきの男の子、信じられないくらい、いい人だね！」

見知らぬ人の小さな親切がもたらすインパクトを、子どもの目を通して見るのは新鮮な体験でした。私と妻のレイチェルは、もちろんこの機を逃さず、「今の嬉しい気持ちを忘れないで、ほかの人にも同じようにしてあげようね」と言いました。

せわしない毎日の中で、**人から受けるさりげない親切が大きな喜びをもたらすことがあるものです。**少年が50セントをかけて行った小さな行為が、あの日をザックにとって最高の日にしてくれました。あの日学んだ、人に惜しみなく親切にすることの大切さを、ザックが一生忘れないようにと願っています。

唯一心残りなのは、あのとき少年のご両親を見つけて、お子さんの心に大切な価値観を育んでおられることに感じ入ったと、伝えられなかったことです。

48

しなやかマインドセット
――自己矛盾を正当化しない

「自分の意思に反して賛同した者は、自分の意見を変えたわけではない」
■サミュエル・バトラー（イギリスの詩人）（訳注29）

２０１６年の大統領選挙の第3回討論会にうんざりさせられたあと、討論の内容を分析する番組を視聴し、その内容がとても偏っていることに注意を引かれました。いわゆる有識者と呼ばれる人たちが、歴史的に対極の立場にある2大政党のいずれかに肩入れし、発言内容の事実確認もせず、明らかにつじつまが合わなくても、弁護の余地のないでたらめでも、盲目的に支持政党の候補者の味方をしているのです。なぜ、第三者の立場から、討論を客観的に分析できないのでしょうか？

その主な理由は、「認知的不協和」でしょう。この概念は、私が何年か前に『なぜあの人はあやまちを認めないのか　言い訳と自己正当化の心理学』（エリオット・アロンソン、キャロル・タヴリス共著、戸根由紀恵訳、河出書房新社刊）を読んで以来、大変興味を持っているものです。社会心理学では次のように説明しています。「個人が、矛盾する複数の意見や信念、価値基準を持つときに生じる心理的ストレスや不快感」

平たく言えば、私たちの脳は、私たちが「エラーをおかす」のを避けるために、**生じた矛盾を理屈で正当化することにゴーサインを出してしまう**のです。その結果、私たちは矛盾を認めて学習するのではなく、ますます固定観念に執着してしまいます。一種の自衛手段です。『なぜあの人はあやまちを認めないのか』から、いくつか例を引きましょう。

過去に有罪判決を下された人が、DNA鑑定で無実であることがわかりました。しかし、これほど決定的な証拠を前にしても、当時事件を担当した地方検事は（すでに定年退職していることが多い）、依然として、同じ人が犯人であると主張して譲りません。その理由は？　自分が無実の人を刑務所に送ったとは信じたくないからです。

カルト教団の信者が、世界が終わるはずの日が何事もなく過ぎ、教祖がまた別の日を終末の日だと予言すると、懲りもせずに信じてしまう理由は？　それは、まさか自分がインチキにはまったとは考えられないからです。ゆえに、教祖の言っていることは本当だと思わなければならなくなります。

認知的不協和の研究では、人は、何かを獲得・成就するのに苦労した場合のほうが、楽に獲得・成就できた場合よりも満足度がはるかに高いこともわかっています。

これは、苦労の甲斐があったのだ、と自分に言い聞かせるからです。この心理は、企業や、学生のクラブ、そのほかさまざまな集団の活動に顕著に見られます。

しかしながら、この心理は、苦労して取り組んできた物事に成功の見込みがなくなっても、見切りをつけられずに続けてしまう行動にもつながります。

自分の中の認知的不協和に気づくことで、柔軟な姿勢で失敗から学んで成長する「しなやか（グロース）マインドセット」が養われます。また、ほかの人が抱えている認知的不協和を見抜くことにより、なぜ相手が理不尽なことを言うのか、なぜ言い訳ばかりするのか、納得がいくケースも多く、これが交渉を進める際の有効なツールとなります。心に留めておきたいのは、相手が面目を失わずに意見の変更や撤回ができるように、敬意を払って対応することです。

あなたがこれまで自分に言い聞かせた「本当ではないかもしれない」ことは何ですか？

49

いちばん大切なこと
――もし人生の残り時間が数分なら

「感謝の気持ちを表すときには、最高の感謝とは、言葉ではなく生き方で表すものであるということを決して忘れてはならない」
■ジョン・F・ケネディ（第35代アメリカ合衆国大統領）

年末年始を心待ちにする人は多いと思います。当然と言えば当然です。家族や友人とゆっくり過ごす良い機会ですし、そうしながらちょっと一息入れて、自分にとって最も大切な人たちは誰か、大切なことは何か、再認識する機会にもなります。とはいえ、新しい年が始まって日常のルーティンが再開すると、残念ながらその気持ちを忘れてしまいがちです。

もし、自分の人生の残り時間があと数分だと思うような経験をしたら、そのときを

境に考え方や態度が変わったまま一生忘れずにいるでしょうか？　メディア企業、「レッド・ベンチャーズ」の創業者、リック・エリアスのストーリーがまさにそれです。

2009年1月15日、リックが乗っていたフライト（USエアウェイズ1549便）は、ニューヨークを飛び立ってすぐに鳥の群れにぶつかり、両エンジンの出力を失いました。リックは、（今や有名な）サレンバーガー機長が前代未聞のハドソン川への不時着水の準備をしている数分間に自分の頭の中をよぎったことを、TEDの5分間の講演で、一言一言噛みしめるように語りました。機長から乗客に向けたアナウンスは、「衝撃に備えてください」のただ一言。リックも、ほかの154名の乗客も、突如、自らの限りある命に向き合うことになったのです。そのときは、全員にとってこれが人生最後の数分間でした。

ご存じのように、幸い1人残らず無事に救助され、この事故は「ハドソン川の奇跡」と呼ばれています。

リックが、この日学んだことは3つ。

1．一瞬のうちにすべてが変わるかもしれない。「完璧なタイミング」を待ってはいられない。

2．毎日の生き方からネガティブなエネルギーを取り除こう。「正しい」かどうかではなく、幸せな気持ちを大事にしよう。

3．最も大切なことを見極めよう（リックにとって人生でいちばん大切なゴールは、良き父親であることでした）。

50

問題解決のスキル――困難は学びと成功のチャンス

「問題があることが問題なのではない。問題がないのが当然だと思って問題が生じることを問題視するのが問題なのだ」

■セオドア・アイザック・ルービン

ついこの間スペインに行ってきましたが、旅行中、妻も私も、自分たちがどれだけテクノロジーのお世話になっているか痛感させられました。スマホを使って、簡単に素早くネットでレンタカーを予約でき、慣れない土地をドライブして回るのも、ほんの10年前とは打って変わって、ぐっとストレスフリーになりました。今や、曲がる道を間違えたら、グーグルマップの助けを借りて正しいルートにすぐ戻ることができます。レストランのメニューやウェブページを翻訳してくれるアプリもありますし、たいがいのことに関して、レビューやランキングが見つかります。

これとは対照的に、20年以上前、私が友人と2人でヨーロッパをバックパック旅行したときは、トラベラーズチェック、『レッツゴー・ヨーロッパ』というガイドブック1冊、ユースホステルの会員カード、「ユーレイル・パス（ヨーロッパ共通の鉄道パス）」だけが頼りでした。細かな計画も立てず、アメリカの家族と気軽に連絡をとる手段もなく、それでもなんとかヨーロッパ中を旅して回りました。

次の目的地の都市に着くのが夜遅くなることもよくあったのですが、たいていは宿の予約などしていません。初めて乗る電車、見知らぬ街の地図、耳慣れない外国語を相手に四苦八苦しながら、空きベッドのあるユースホステルを探すしか方法はありませんでした。今ならすべてアプリで解決するでしょう。

身の危険を感じるような状況には遭遇しませんでしたが、間違いなく、コンフォートゾーンの外で行動せざるを得ませんでした。わからないことはあれこれ調べ、土地の文化や習慣にどっぷり浸かって過ごしました。今振り返ってみても、とても貴重な体験だったと思います。

□テクノロジーのデメリット

先日、このバックパック旅行中に書いた日記を読み返し、はっと気づいた点があります。私は、書いてある内容を読みながら、「これを、あのとき両親が知っていたらどう思っただろう?」と考えずにはいられませんでした。そして、なるほど、私と友人の親たちが私たちの様子を知らなかった(知り得なかった)のは、双方にとってかえって良いことだったのか、と思ったのです。

日記を読んで、テクノロジーにはたくさんのメリットがある反面、デメリットもあると、あらためて思いました。私の娘もこのことに気がついたようです。私と妻のスペイン旅行中に、娘から、参加していたキャンプで娘が行った、「つながるためにオフにする」というスピーチの冒頭部分が送信されてきました。そのスピーチで娘は、夏休みをほぼオフラインで過ごすメリットについて呼びかけ、まわりの人たちと本当のつながりを深めることができた自らの体験を話しています。

これらのことから私が得た教訓は、私たちは小さなトラブルを自分で解決するスキルを身につけておかないと、あとで、たとえて言うなら、段差に乗り上げてコントロールできなくなるような失敗をしたり、行く手に、もっと大きな障害物が待ち受けていたときにどうしていいかわからず途方にくれたりするはめになる、ということ。

必要なのは、心の持ち方を変えて目の前の困難を受け入れ、困難を学びと成長の機会として、また、周囲との関わり方を工夫する機会として捉えることです。

51

人とのつながりを慈しむ
——人間関係は量より質

「みんな誰かを必要としている」

■マヘリア・ジャクソン（アメリカのゴスペル歌手）

先日、長年共に仕事をしてきた人と食事をする機会がありました。彼と私は、仕事上の信頼関係は築いていましたが、それまでプライベートでの付き合いはなかったので、今回、仕事以外の面や生い立ちなどの話を聞くことができ、とても楽しいひとときでした。そして、なぜ私の会社のコア・バリューを「人とのつながりを大切にする」としたのか、再認識する機会になりました。私の会社では、このコア・バリューを次のように定義しています。

「人間関係は、個人として、企業人としての私たちの成長を促し、私たちの成功に大きく寄与する。私たちが主眼とするのは、長期的な成果、豊かな人間関係、そして顧客、同僚、提携相手との信頼関係である。私たちは、遂行力と人徳は信頼関係の構築に不可欠であると信じ、また、豊かな人間関係は私たちがより多くを達成するための要であると信じる」

さて、期せずして、このコア・バリューには、経営理念としての役割だけでなく、寿命を延ばす副次的効果があるかもしれないことがわかりました。

2017年の『Ｉｎｃ.』誌の記事、「This 75 Year Harvard Study Found the 1 Secret to Living a Fulfilling Life（75年に及ぶハーバード大の研究が探し当てた幸福な人生を送るただ1つの秘訣）」は、ほぼ同時期にハーバード大学が行った2つの研究を引用しています。（グラントおよびグリュックによる）両研究は、75年にわたり、2つのグループの被験者の心と身体の健康を追跡調査しました。グリュックの研究は、ボストン市街中心部に住む低所得層456名の男性を、1939年から2014年まで調査。グラントの研究は、ハーバード大学を1939年から1944年の間に卒業した男性268名が調査対象です。長期にわたるプロジェクトですから、研究者も世代交代しながら、被験者の血液サンプルの分析、脳スキャン画像分析、アンケート調査結果の集計を行い、実際に被験者と交流し、結果をまとめています。

そして、研究の集大成が導いた結論は、幸福で健康な人生を送るためには、何よりも重要な要素が1つあり、それは「良い人間関係」だということ。「ハーバード成人発達研究」の指揮を引き継いだロバート・ウォールディンガーは、こう述べています。「75年にわたる研究が明らかに示唆するのは、良い人間関係が私たちの幸福と健康を高めるということ、その1点につきます」

この研究ではっきりした重要な点は、友人の数は幸福とはほぼ無関係であるということ。**大事なのは、人間関係の質だったのです。**では、人間関係の質を高め、絆を深める役割を果たしたのは何だったのでしょうか？　それは、お互いにありのままの自分でいられること、安心して自分の弱さを見せられることなのです。さらに研究者たちは、人生で苦境に立たされたときに決定的に大事なのは、そのような信頼関係を拠り所にすること、何があっても、その人たちを遠ざけてはいけないという点を強調しています。

ですから、今度フェイスブックやインスタグラムの投稿を見ながら、次々に「いいね！」をつけている自分に気がついたら、アプリを閉じて、代わりに、あの人どうしているかなと思った人に電話をすることに時間を使ってみてはいかがでしょうか。そして、職場でも、誰かを単に部下、取引先、顧客、潜在顧客として認識するのではなく、1人の人として関わってみましょう。そうすることで、表面的なやり取りに終わらない良い人間関係を築くことができ、長生きもできるかもしれません。

52

最悪の1週間
――どん底の状態でも前に進もう

「人生の最大の栄光は、一度も転ばないことではなく、転ぶたびに起き上がることにある」

■オリヴァー・ゴールドスミス（1730～74年、アイルランド出身の詩人、劇作家）

1981年4月の日曜日、メアリー＝クレア・キング博士にとって最悪の1週間が始まりました。夫が突然、大学院生の教え子と翌日から旅行に出かけると宣言したのです。これを発端として、やがて夫から一方的に結婚生活に終止符を打たれることになります。

そして翌日の月曜日、勤務先の大学から終身在職権を認められ、朗報に安堵したのもつかの間、キングが帰宅すると、自宅は空き巣に荒らされたあとでした。

金曜日には、初めて研究助成金を申請するために、飛行機でワシントンDCに行くことになっていました。研究計画のプレゼンテーションの審査会場が、ワシントンDCにあるアメリカ国立衛生研究所だったのです。

ところが、キングの留守中に6歳の娘エミリーの面倒を見るため実家から訪れた母親は、到着後に夫が不在の事情を知って、家庭が壊れたのはあなたのせいだとキングを責め、挙句の果てに「よくこんなことができるわね。家族を優先しないなんて、いったい何を考えているの」と言い、実家に引き返してしまったのです。

キングには、エミリーの世話を頼める人がほかに誰もいませんでした。そこで、研究活動のメンターである教授に電話し、ワシントンDC行きは断念せざるを得ないと伝えます。ところが教授は、エミリーを連れていきなさいと指示し、プレゼンテーションの間は自分がエミリーと一緒に座っているから大丈夫だと、エミリーの航空券まで購入してくれたのです。

こうして、キングは無事にプレゼンテーションを行って研究助成金を獲得し、このときの研究プロジェクトが、遺伝性乳がんの原因遺伝子「BRCA1」の特定（1990年）につながったのです。キングの功績は、乳がん研究における飛躍的な一歩となりました。それから30年以上を経た今も、キングは研究活動に身を捧げています。

☐彼女のエピソードが教えてくれること

- 私たちは、目の前が真っ暗などん底の状態から前進するためには、**メンターの存在を必要とします。**友人は、確かに支えになってくれます。でも、私たちが「逃げてしまいたい」と言えば、逃げ道に誘導してくれるのが友人なのです。
- 誰にでも、最悪の日や最悪の週はあるものです。最悪の状態がもっと長く続くことだってあります。でも、いつそんな事態が起こるかと案じるのではなく、**そんな事態が起こったときにどう対処するかが肝心です。**「それがどうした」と言って歩き続けられるか、絶望のあまり何も手につかなくなってしまうか。

・17世紀の歴史家トーマス・フラーは、「夜明け前がいちばん暗い」と記しています。ときには、もうこれ以上悪いことにはなり得ないだろう、と思ってから事態がさらに悪化する場合もありますが、それからほどなく良い方向に向かうということもよくあります。**大事なのは、とにもかくにも前に進む方法を見つけることです。**

メアリー＝クレア・キングが、あの金曜日に、もうダメだとあきらめたとしても、おそらく彼女を責める人はいなかっただろうと思います。無理もない状況でしたから。でも、あのときキングがあきらめていたら、彼女の画期的な研究成果のおかげで、数え切れない数の女性の命が助かることにはならなかったでしょう。

おわりに

あなたに必要だったものは何ですか？

数年前に「フライデー・フォワード」を書き始め、読者の数も次第に増えて、多くの人に読んでもらえるようになりましたが、当時も今も私にとって何よりの楽しみは、読者からメッセージを頂くことです。毎週必ず、「エピソードの内容が今の自分にぴったり当てはまって、とても励まされた」という感想が届きます。そう言ってもらえると、まったく面識のない人にもこんなに役に立てているのか、と私も奮い立ち、こうして今まで書き続けてこられました。

また、「フライデー・フォワード」を職場や家庭、読書会などで活用してくださっている読者からのフィードバックも楽しみに拝見しています。

私たちは皆、毎日、あらゆる面で持ちつ持たれつ生きています。お互いにひらめきや助言を与えたり、もらったり、励まし合ったり、ときには戒め合ったり。でも、人生の間には、自分が今何を必要としているのかはっきりわからないときや、わかっても言葉にするのが難しいときが多々あります。

それは私自身の経験から言えることです。私が皆さんにぜひとも挑戦していただきたいのは、**自分の限界を押し破ること、学び続けること、目的や信条に則った人生を築いていくこと。**なぜなら、これらの教訓は、私自身が運命を分ける地点に立ったときに、必要としたものだからです。私にはこれまでに、充実感を得られなかったり、自分の能力を生かせずもどかしい思いをしたことが何度もありました。

そんな経験は、幼少時代にまでさかのぼります。当時は、現在私が自分の強みとして生かしている性質が、逆に短所として、注意力散漫な性癖として見られていたのです。私はエネルギーを持て余したり、集中できなかったりして、たいていの先生を苛立たせていました。当時の成績表を今でもとっておいてありますが、そこに書いてある内容がその証拠です。

大学を卒業してからは、信頼できるメンターがいるときに、最も実力を発揮し、仕事にも熱心に取り組め、自分の長所を生かすことができました。私が今の軌道に乗り始めたのは、思い切って起業をしてからです。それからさらに何年も経て、パズルが解けるように、ようやく人生の道筋がはっきり見えてきました。

「偉大なリーダーは人々を自分に追従させたりしない。むしろ新たなリーダーたちを育てる」という言葉は聞いたことがありましたが、「フライデー・フォワード」を始めたばかりの頃は、これが「フライデー・フォワード」のビジョンの中核をなすコンセプトだとは気がついていませんでした。そう、私たち一人ひとりが、自分自身だけでなく、まわりの人たちそれぞれがベストでいられるように彼らを奮い立たせ、応援することがとても大事なのです。

それでは、最後に、あなたが苦労したときのことを思い出してください。本当に苦しかった経験を。それは、あなたが最近直面した困難かもしれません。遠い子ども時代の経験かもしれません。エピソードの中でも触れましたが、私たちの人生の目的は、苦痛の体験から生まれることがよくあるのです。でも、たいていの人はその結びつきに気がつきません。一度気づけば、因果関係が明白なケースも多いのですが。

では、その苦い経験を思い出し、自分に問いかけてください。

あのとき、自分に必要だったのは何だったのか？

どんな助言や導きがあれば、救いになっただろうか？

今同じ状況にある人にサポートを提供する立場になるためには、何をすればいいだろうか？

人生には、自分が人を頼りにするときもあれば、逆に頼られる立場になるときもあります。キャパシティ・ビルディングがもたらす効果の中でも最も素晴らしいのは、自分のキャパシティを向上させると、まわりの人たちにも同じようにやる気を起こさせることでしょう。かつてロバート・G・インガーソル（19世紀アメリカの法律家）が言ったように、私たちは、「他者を高めることで向上する」のです。

現在の世界では、それがじゅうぶんに実践されていません。今、世界が最も必要としていることだけに、残念です。でも、これはちょっとした心配りから始められるのです。例えば、誰かに励ましの言葉をかける。「あなたの声は貴重だ」と伝える。私は、自分の会社の社員宛にメールで送信し始めたメッセージが、いずれ世界各国の大勢の人に届くようになって、読む人の人生にインパクトを与えるようになるとは、夢にも思いませんでした。これは、もし私が、ある11月の金曜日にあの最初のメールを書こうと決めなければ、起こり得なかったことです。

私たちは皆、お互いを高める義務があります。あなたは、誰かの向上を助けるために、これから何をしようと思っていますか？

謝辞

本書を執筆するまでの道のりを支えてくださった、大勢の方に感謝の意を表したいと思います。まず最初に、ニュースレター「フライデー・フォワード」（fridayfwd.com）の愛読者にお礼を申し上げます。私が毎週発信するメッセージを職場の仲間や家族にも転送して、ついには世界のすべての大陸に届けてくれました。そして、「フライデー・フォワード」を最初から応援してくれている、私の強い味方、アクセラレーション・パートナーズ（ＡＰ）のチームに感謝します。「フライデー・フォワード」を会社の外にも拡散してくれて、私が書くメッセージが社外の人たちにも役立つのだと気づかせてくれてありがとう。

また、「フライデー・フォワード」の編集を担当してくれているミック・スローンとレノックス・パウエルに感謝します。それから、本書のアイディアを形にするために尽力してくださったブラッド、エリー、ＪＴ、タッカー、並びにスクライブ・メディアの皆様に厚くお礼申し上げます。

そして、私が書くエッセイに関心を持ち、本の形にまとめるように背中を押してくれた、リック・パスコチェロに感謝します。

私のエージェント、リチャード・パインには、この企画を取り上げてくださったことに感謝しています。そして、インクウェル・マネジメントのチーム全員に、心よりお礼申し上げます。


また、私の執筆活動の後ろ盾であり、私の新提案も積極的にサポートしてくれる編集者のメグ・ギボンズに感謝しています。そして、『ELEVATE』および『フライデー・フォワード』の起草から完成までを支えてくださった、ドミニク・ラカー、リズ・ケルシュ、モーガン・ヴォート、カヴィータ・ライト、エリン・マックラリー、並びにソースブックスの編集チーム全員に、深くお礼申し上げます。

そして、末筆ながら、本書は私の妻レイチェルと3人の子どもたち、クロエ、マックス、ザックに捧げたいと思います。家族の愛情と支えがあってこそ、集中して執筆に取り組めました。ときにはいろいろと我慢や協力をしてくれました。私のような人間でも大勢の人にインパクトをもたらすことができるのだと教えてくれたのは、私の家族なのです。

著者について

ロバート・グレイザー（以下ボブ）は、各国の企業と提携してパートナーマーケティングを展開するアクセラレーション・パートナーズの創始者かつＣＥＯで、連続起業家でもあります。個人や団体がキャパシティを広げて向上するのをサポートするのが生きがいです。

ボブが率いるアクセラレーション・パートナーズは、ビジネス界の賞を数々受賞しています。グラスドアの「従業員が選ぶ働きやすい企業」2年連続入賞、『アドエイジ』誌の「働きやすい企業」入賞、『アントレプレナー』誌の「カンパニー・カルチャー」ランキングに2年連続ランクイン、『フォーチュン』誌とＧＰＴＷ（働きがいのある会社）協賛のランキングで「小規模」および「中規模」部門に3年連続ランクイン、『ボストン・グローブ』紙の「最も働きやすい会社」ランキングに2年連続ランクインしました。ボブは、さらにグラスドアの「アメリカ中小企業ＣＥＯ」ランキング第2位を獲得しました。

『フォーブス』『Ｉｎｃ.』『アントレプレナー』各誌および、スライブ・グローバル社（訳注30）のメディアに寄稿しているほか、『ハーバード・ビジネス・レビュー』『ファースト・カンパニー（Fast Company）』『サクセス』など、数々のビジネス誌に記事が掲載されました。また、各国の企業や団体から講演依頼を受けて、事業の伸ばし方、社風の育て方、キャパシティ・ビルディング、パフォーマンス向上などをテーマに講演活動も行っています。そして「エレベート・ポッドキャスト」のホストを務め、CEOや著作家、現代の思潮をリードする知識人など、社会に大きな影響を与えている人物をゲストに招き、卓越した結果を出すために必要な要素についてディスカッションしています。

そしてもちろん、「フライデー・フォワード」を通して、さまざまなアイディアやリーダーシップに関する気づきなどを読者と分かち合っています。「フライデー・フォワード」は毎週更新され、60カ国以上の、多くのビジネスリーダーを含む20万人を超える読者に届き、読む人にインスピレーションを与える内容が好評を博しています。

ボブは、『ウォールストリート・ジャーナル』と『USAトゥデイ』のベストセラーランキングに入った『ELEVATE』と、各国でベストセラーとなった『Performance Partnerships（仮題：パートナーマーケティングのすすめ）』の著者でもあります。

休日は、スキーやサイクリング、読書、旅行を楽しみ、家族と有意義な時間を過ごしたり、自宅の改装に取り組んだりしています。

ボブについての詳細はこちらをご覧ください。

robertglazer.com/

キャパシティ・ビルディングについて興味が湧いた方には、拙著『ELEVATE 自分を高める4つの力の磨き方』をおすすめします。新しいアイディアや、提携、協賛のご提案、フィードバックも大歓迎です。お気軽にメールでご連絡ください。頂いたメールはすべて拝見するよう努め、ほとんどに返信しています。

elevate@robertglazer.com

レビューをお書きください：

『フライデー・フォワード』を気に入ってくださったら、行きつけの書店のウェブサイトにレビューをお寄せいただければ幸いです。

robertglazer.com/review

そのほかのリンクなど

■ 本書の公式サイト
robertglazer.com/forward

■ 著者のプロフィール
robertglazer.com/

■ アクセラレーション・パートナーズについて
accelerationpartners.com

訳注

（訳注1）　チャールズ・デュヒッグが『習慣の力』（渡会圭子訳、早川書房、2019年）で提唱した概念。生活は習慣の集積であり、その核となっている1つの習慣を変えると生活全般が好転するということを多数の事例を挙げて解説している。原書はDuhigg, Charles. The Power of Habit: Why We Do What We Do in Life and Business. Random House, 2014.

（訳注2）　2005年のハリケーン・カトリーナで被災した病院で医師が重症患者の生死を決めるに至った状況の真相を詳細に取材し、非常事態における倫理とは、命の重さとは、という問いを投げかけた。2007年にピュリッツァー賞「調査報道部門」受賞。取材内容をまとめた著書の邦訳は『メモリアル病院の5日間　生か死か―ハリケーンで破壊された病院に隠された真実』シェリ・フィンク著、高橋則明、匝瑳玲子訳、KADOKAWA、2015年。

（訳注3）　『300 Questions To Ask Your Parents Before It's too late
（今のうちに親に聞いておきたい300の質問）』より。

（訳注4）　創業を1901年にさかのぼる製薬会社スターリング・ドラッグの研究開発部門として、1988年にイーストマン・コダック社の傘下に入るまで70年間操業した大規模なバイオテクノロジー研究所。スターリング・ドラッグはその後事業譲渡されている。

（訳注5）　Rosenthal, Amy Krouse. 'You May Want to Marry My Husband',
Modern Love, The New York Times, March 3, 2017. https://www.nytimes.com/2017/03/03/style/modern-love-you-may-want-to-marry-my-husband.html

（訳注6）　2012年6月20日のツイートより。

（訳注7）　全文の和訳バージョンは、https://review.foundx.jp/entry/success-at-work-failure-at-home参照。
原文は、Andreessen Horowitz 社のウェブサイトに掲載。
https://a16z.com/2015/10/05/success-at-work-failure-at-home-2/

（訳注8）　1962年9月12日のライス大学での演説より。

（訳注9）　邦訳は『ビジョナリー・カンパニー　時代を超える生存の原則』ジム・コリンズ／ジェリー・ポラス著、山岡洋一訳、日経BP刊。ただし訳者による訳を掲載。

（訳注10） 邦訳は『ハーバード・ビジネススクールが教える顧客サービス戦略』フランセス・フレイ、アン・モリス著、池村千秋訳、日経BP刊。ただし訳者による訳を掲載。

（訳注11） 2012年のインタビューで、2010年にフランスのチームからの移籍の打診を断ったことを振り返って。

（訳注12） アイゼンハワー大統領は、1954年にノースウェスタン大学を会場に行われたSecond Assembly of the World Council of Churches でのスピーチで、某「元学長」の言葉として"I have two kinds of problems, the urgent and the important. The urgent are not important, and the important are never urgent"と引用し、そのときの聴衆の1人だったNorris Pittという人物が、アイゼンハワーのスピーチを引用したバージョンがこれにあたる。

（訳注13） ハル・エルロッドは、20歳のときに車を運転中、飲酒運転のトラックに正面衝突され重傷を負い、6分間の心肺停止を経験。意識回復後も歩行は一生不可能と診断されたが、7回の手術を経てリハビリを続け、ウルトラマラソンを完走するまでの回復を遂げた。

（訳注14） 1897年に、当時のアメリカの子ども向け雑誌『セント・ニコラス・マガジン』掲載のエッセイの中で、著作家ローレンス・ハットンが少年時代にサッカレーにかけられた言葉を回想。

（訳注15） 邦訳はチャールズ・デュヒッグ『習慣の力（新版）』チャールズ・デュヒッグ著、渡会圭子訳、早川書房刊。ただし訳者による訳を掲載。

（訳注16） 邦訳は『ウォールデン　森の生活』ヘンリー・デイヴィッド・ソロー著、飯田実訳、岩波書店刊。ただし訳者による訳を掲載。

（訳注17） アメリカの歴史家で哲学者のウィル・ダラント（1885~1981年）が、著書『The Story of Philosophy（哲学の話）』（1926年）の中で、アリストテレスが『ニコマコス倫理学』で論じた内容をリフレーズした言葉。

（訳注18） 矛盾した考えを同時に抱えることで生じる不快感を解消するため、認識に変更を加える心理現象。アメリカの心理学者レオン・フェスティンガーが1957年に提唱した概念。例えば「タバコは身体に悪い」「でもやめられない」という矛盾を抱えた人が、「喫煙はストレス解消になる」「喫煙者でも長寿の人がいる」と正当化することで不協和を解消する。

（訳注19）　スワーナーのウェブサイト「SWARNER EXPEDITIONS & ADVENTURES」2020年11月23日の記事より

（訳注20）　2018年10月6日「世界脳性まひの日」のインスタグラム投稿より。

（訳注21）　邦訳は『習慣超大全――スタンフォード行動デザイン研究所の自分を変える方法』BJ・フォッグ著、須川綾子訳、ダイヤモンド社刊。ただし訳者による訳を掲載。

（訳注22）　邦訳は『そのひとクチがブタのもと』ブライアン・ワンシンク著、中井京子訳、集英社刊。ただし訳者による訳を掲載。

（訳注23）　本名マリエル・マーガレット・ハム＝ガルシアパーラ。アメリカの元サッカー選手。1987年に史上最年少で全米女子代表に選出され、2度のオリンピックで金メダルをとり、女子W杯でも2度優勝するなど活躍した。

（訳注24）　「イネオス1:59チャレンジ」は、イギリスの複合化学メーカー、イネオス社の主催でオーストリア、ウィーンで行われた。しかし、「本人以外の競技者が不在」「ペースメーカーが交代制」「水分補給が自転車から手渡し」のため、世界陸上競技連盟（IAAF）の公認記録の条件を満たさず、公式の世界記録とはなっていない。

（訳注25）　1923〜2019年、アメリカの精神分析医、著作家。映画『リサの瞳のなかに』（1963）およびそのリメイク『デビッド&リサ〜心の扉〜』（1998）の原作者。

（訳注26）　邦訳は『GREAT BOSS（グレートボス）：シリコンバレー式ずけずけ言う力』キム・スコット著、関美和訳、東洋経済新報社刊。ただし訳者による訳を掲載。

（訳注27）　邦訳は『ソクラテスの弁明』プラトン著、納富信留訳、光文社刊。ただし訳者による訳を掲載。

（訳注28）　邦訳は『ヘンリー・ジェイムズの世界　ジェイムズ評論集』レオン・エデル著、行方昭夫訳、北星堂書店刊。ただし訳者による訳を掲載。

（訳注29）　農家に生まれ有権者に仕えながら、清教徒革命から王政復古に至る時代を生き、当時の世相を風刺した長編詩『ヒューディブラス』を発表。

（訳注30）　スライブ・グローバルは、オンラインメディア『ハフポスト』の前身『ハフィントンポスト』の創設者アリアナ・ハフィントンが2016年に立ち上げた、「燃え尽きない」働き方を支援する、行動変革テクノロジー企業。生活・職場環境の改善方法を科学に基づいて開発し、オンライン講習やアプリで健康的な働き方を指導している。

FRIDAY FORWARD フライデー・フォワード
あなたの可能性を引き出す52のヒント

発行日　2021年10月25日　第1刷

Author　ロバート・グレイザー
Translator　田村加代（翻訳協力：株式会社トランネット www.trannet.co.jp）
Book Designer　西垂水敦・松山千尋（krran）

Publication　株式会社ディスカヴァー・トゥエンティワン
〒102-0093　東京都千代田区平河町2-16-1 平河町森タワー11F
TEL　03-3237-8321（代表）03-3237-8345（営業）
FAX　03-3237-8323
https://d21.co.jp/

Publisher　谷口奈緒美
Editor　大竹朝子　榎本明日香

Store Sales Company　古矢薫　佐藤昌幸　青木翔平　青木涼馬　越智佳南子　小山怜那　川本寛子　佐藤淳基　副島杏南　竹内大貴　津野主揮　野村美空　羽地夕夏　廣内悠理　松ノ下直輝　井澤徳子　藤井かおり　藤井多穂子　町田加奈子

Digital Publishing Company　三輪真也　飯田智樹　伊東佑真　榊原僚　中島俊平　松原史与志　磯部隆　大崎双葉　岡本雄太郎　川島理　倉田華　越野志絵良　斎藤悠人　佐々木玲奈　佐竹祐哉　庄司知世　高橋雛乃　滝口景太郎　辰巳佳衣　中西花　宮田有利子　八木眸　小田孝文　高原未来子　中澤泰宏　石橋佐知子　俵敬子

Product Company　大山聡子　大竹朝子　小関勝則　千葉正幸　原典宏　藤田浩芳　榎本明日香　王廳　小田木もも　佐藤サラ圭　志摩麻衣　杉田彰子　谷中卓　橋本莉奈　牧野類　三谷祐一　元木優子　安永姫菜　山中麻吏　渡辺基志　安達正　小石亜季　伊藤香　葛目美枝子　鈴木洋子　畑野衣見

Business Solution Company　蛯原昇　早水真吾　安永智洋　志摩晃司　野﨑竜海　野中保奈美　野村美紀　林秀樹　三角真穂　南健一　村尾純司

Corporate Design Group　大星多聞　堀部直人　村松伸哉　岡村浩明　井筒浩　井上竜之介　奥田千晶　田中亜紀　西川なつか　福永友紀　山田諭志　池田望　石光まゆ子　齋藤朋子　竹村あゆみ　福田章平　丸山香織　宮崎陽子　阿知波淳平　石川武蔵　伊藤花笑　岩城萌花　岩淵瞭　内堀瑞穂　大野真里菜　大場美範　金子瑞実　河北美汐　吉川由莉　菊地美恵　工藤奈津子　黒野有花　小林雅治　坂上めぐみ　関紗也乃　高田彩菜　瀧山響子　田澤愛実　巽菜香　田中真悠　田山礼真　玉井里奈　常角洋　鶴岡蒼也　道玄萌　中島魁星　平池輝　星明里　前川真緒　松川実夏　水家彩花　森脇隆登

Proofreader　文字工房燦光
DTP　株式会社RUHIA
Printing　共同印刷株式会社

ISBN978-4-7993-2785-2